JN000454

# 評伝

# 西部邁

高澤秀次

毎日新聞出版

# 評伝　西部邁

## 目次

ブックデザイン　鈴木成一デザイン室

# 評伝　西部邁

# 第I部 予告された死の真相

自宅の居間。西部はソファに体をあずけてくつろぐのを好んだ

# 1

日本を代表する保守派の論客・西部邁の多摩川河川敷での入水自殺（二〇一八年一月二十一日）の波紋は、しばらく収まらなかった。当初から田園調布署刑事一課は、これを複数の人間が介在した「事件」とみなし捜査を続けた。

当日未明に遺体は発見され、司法解剖の結果、死因は溺死とみなされた。だが、現場周辺の状況、遺族への聞き込みなどから、自力で命を絶つ身体的能力さえ失っていた西部邁の入水からは、多くの疑問が浮かび上がってきたのである。

遺体発見から二カ月余を経た四月五日には、現場へのレンタカーでの搬送、安全帯の装着、河川敷近くの樹木へのロープの括り付けなど、自殺幇助の疑いで二人の逮捕者が出た。一人は西部邁の主宰する私塾「表現者塾」の塾頭A、もう一人は東京MXテレビの子会社社員（懲戒解雇）で、「西部邁ゼミナール」を担当していたKである。

公判ではAが、大筋で罪を認め懲役二年執行猶予三年の一審判決で結審、一方Kは無罪を主張していたが、東京地裁で同じく懲役二年執行猶予三年の有罪判決を言い渡された。

ところで、「事件」が今なお完全に決着していないのは、遺体の口中に忍ばせていた青酸化合物の入手に関して、前二者とは別の第三者の特定ができなかったためである。どうやらそれは、特殊な揮発性の青酸カリだったようだ。ただし、ここで明らかにしたいのは、それとは別の思想的な次元での事件性である。

西部邁の他者を巻き込んでの「自裁」は、保守思想家の凄（すさ）まじい最後であるばかりでなく、高齢化社会の現在を問い直す極限的な試金石でもあるからだ。

彼は饒舌（じょうぜつ）なほどに、自らの死について予告的に語っていた。四十歳代で早くも死の想念に囚（とら）われた保守思想家は、それを自覚的に語ることこそ、生命偏重の戦後日本社会にあっての知識人の最終的思想課題と見定めていたようだ。

そして一九九四年の『死生論』いらい、その「自裁」の思想は、徐々に輪郭を確かなものにしていったのである。五十五歳という節目に書かれた右の著書で、「簡便死（シンプル・デス）」を公言した彼は、衰弱の果ての「病院死」を、「自然死」ではなく「人工死」であるとした。あるいは、現代日本の医療システム全般への不信を通じての、「安楽死」や「尊厳死」という考え方への根本的な疑問を呈してきた。

西部がとりあえず行き着いた、「高潔（インテグリティ）」を保った上での自裁の方法とは、ピストル自殺であった。すでに一九九〇年代の時点で、ピストルの入手経路について、彼は北海道と長崎の渡世人（西部的表記に従うと「八九三」）に目星をつけていた。しかし、その確信犯的不法入手は、両者の死によって不可能となった。

死の直前、「平成三十年一月十五日」と「あとがき」に記した、『保守の遺言』の最終第四章には、「不法に入手できるはずの（結局は失敗に終わった）短銃の秘匿」についての記述もある。

それによると、彼はそれを六〇年安保全学連委員長・唐牛健太郎の未亡人に頼んでいたのである。因みに、西部邁の処女作『ソシオ・エコノミックス』（一九七五年）は、「オホーツクの漁師　唐牛健太郎」に捧げられている。

その家族ぐるみでの交友は、健太郎の死（一九八四年）の後まで続いていた。驚きを禁じ得ないのは、元東京大学教授にして保守論壇の重鎮の「自裁」をめぐる「無頼」ぶりである。さらに言えば、「非行」（この言葉を西部は自らの少年期、青年期を語る際に好んで使った）を思わせる「自裁」の過激（この言葉を西部は忌み嫌っていたが）さである。

冒頭でも触れたように、短銃入手の失敗の後、西部邁の身体的条件は、すでに単独での入水自殺も覚束ないほどに衰弱していた。老人性アトピー（本人は少年期の栄養失調の後遺症と嘯いていた）に始まり、二〇一三年には喉頭癌を発症、晩年は烈しい痛みを伴う神経痛、さらに爪が侵され手の皮が剝け、末端が化膿する掌蹠膿疱症（そのためテレビ出演の際には包帯代わりの手袋と帽子を手放せなくなる）といった難病まで患っていた。

末梢神経の失調、頸椎の歪みによる全身の痺（しび）れと痒みが追い打ちをかける。死体流失を防ぐための安全ベルトを自力で装着するどころか、彼はネクタイさえ一人では結べないほどに衰え切っていたのだ。それでも酒も煙草も止めなかった。問題は、青酸カリさえ入手していた彼が、なぜ複数の幇助者を巻き込んで、自裁劇を演じなければならなかったかという、方法への拘（こだわ）りである。

生前、西部は東京MXテレビの「西部邁ゼミナール」で、公然と二〇一七年十月二十二日に自裁決行を予定していたが、衆院選投票日と重なったために見送ったと語っている。決行見送りのもう一つの条件として、台風の接近により、水かさを増した多摩川縁（べり）から、遺体が流されることを忌避したのではないかという証言もある。

一月二十一日に発見された遺体は、周到に安全ベルトやネックウォーマーで、流出、損傷を免れる仕掛けが施されていた。川への執着といい、西部流の「死の美学」を想定しなければ、解けない謎に包まれた最後ではある。

二〇一七年六月に著された、自伝の傑作『ファシスタたらんとした者』では、自らの最後を見定めた者の曇りない思考を、全篇で披瀝している。「ファシスタ」（ファシストのイタリア語）などという、不穏なマニフェスト（そこには他者との「結束」が含意されていた）にもかかわらず、言説の端々から、このユニークな思想家の紛れもない健在ぶりが窺（うかが）えることが、今となってはかえって痛々しい。

　しかし、次のような断片は、やはり不吉さを拭いきれない。

「残り少ない余生への取り組みのすべてから死臭が漂ってくるのを止めようがない」

「近所を流れるいくつもの川にずっと広がる河原のどこでいつどのように死ぬのが自分および周囲の者たちにとって最も簡便なのか」

「決行すべき時がすぐそこにきているとわかっている」

　西部邁に「死の影」が急接近しはじめたのは、札幌南高校の同級生だった妻・満智子（まちこ）と、八年にわたる看病の末死別（大腸癌の転移による）した二〇一四年からではなかったか。その七十八年の生涯のうち、およそ六十年を西部邁はこの女性と「結束」するようにして生きてきた。東大教授辞任後、夫の創刊した（一九九四年、前年に創刊準備号）雑誌『発言者』（その後継誌が『表現者』）とともにあった十一年間が、生涯で一番楽しかったと回顧した妻。まさにそれは、雑誌の立ち上げから発病までの時間を意味する。彼女は、娘の智子（さとこ）とともに実際、この雑誌の編集・経理に直接かかわっていたのである。

　二〇〇七年春まで、同誌の編集委員だった筆者も、夜の編集室ともなった新宿のバーBやKから親子三人が、多摩湖近辺にあった自宅へと、タクシーで移動する姿に何度も接している。それはある種、異様な光景でもあった。

　ある年の暮れに、こんなことがあった。同誌常連執筆者を集めてのその年の忘年会が、息子・一明（かずあき）が経営する麻布のイタリアン・レストラン「ゼフィーロ」（二〇〇七年閉店）で行われた。高級住宅街にぽつんと建った店で、渋谷から六本木方面行きのバスに乗り、地図を頼りに歩いて行くと、坂道を西部夫妻が娘と一緒に下りて来る。怪訝に思って聞くと、どうやら息子との親子喧嘩があったらしく、西部邁はこのまま帰ると言い張っている。当日のホスト役が、これから集まろうとする二十数人のゲストを置き去りにしてである。

　常識的に考えれば妻たる者、夫をなだめて店に戻るように促すのではなかろうか。だが彼女はそこで、毅然として「私はお父さんと一緒に帰る」と言い放ち、筆者を唖然とさせた。それ以前から、他人には窺い知れぬ夫婦の絆を予感してはいたが、この出来事によって、特異なる夫婦関係をより強く印象付けられた。

　故郷喪失者ならぬ「逃亡者」を自認する西部邁にとって、先立たれた妻は、敗戦直後の北海道の風土的記憶を共有する、「故郷の代用品」（前掲書）でもあったのだ。「自分のそれまでの生（ライフ）」に意味を与えてくれた唯一の者と語ってはばからぬ彼女の死は、「自分の脳の少なくとも半分を陥没させるような出来事」だったのである。おそらくそれは、「夫唱婦随」といった次元をはるかに超えた、夫婦関係を想像させるに十分であった。

この類い希なる二人、西部邁と（旧姓・岡田）満智子は、一九六四年に結婚している。六四年と言えば先の東京オリンピックのあった年で、六〇年安保全学連の最高幹部の一人だった西部が、被告として三つの裁判を抱え、共産主義者同盟（ブント）から離脱後、一切の政治党派と無縁に、学者の道を歩み始めていた時期である。大胆にも満智子は、執行猶予判決の見込みもないまま、別れを決意した西部のところに、札幌から押しかけ女房のようにして転がり込んで来たのであった。

その父親は軍属の医師として、日本守備隊が玉砕した中部太平洋マッキン・タラワ方面（ギルバート諸島）の戦地に赴き生還した町医者、祖父は留萌の町長を務めたという血筋である。片や西部邁は、父方が「越中の坊主（浄土真宗）の血」、母方は「加賀百姓の血」である。父には生い立ちの不幸と、それと切り離せない人生上の屈託が折り重なっていた。

実の母が離縁されて夕張の寺に独り残されたところから、父・深諦の不幸は始まる。「素行」以外の科目は全て優だった彼は、旧制札幌一中（その後身が西部邁夫妻の出身校・北海道立札幌南高校）時代、他校生徒との暴力事件のとばっちりで退学の憂き目に遭い、京都の大谷中学に転校する。卒業後は農協（「産業組合」）職員となるが、不遇をかこち鬱屈を抱えた一生を過ごすことになるのだ。

母・ハナも、十九歳で私生児を産むという不幸を背負った女性だった。その子が親戚に引き取られた後、夕張郡長沼で西部の父と結婚、夫婦で満州に渡ろうとするも、二・二六事件（一九三六年）による交通遮断で、やむなく秋田から北海道に引き返してきたのであった。

西部邁はこの夫婦の六人兄妹（別に異父姉が一人）の次男である。中高生時代から抜群の秀才だった西部はまた、札幌時代に世界文学全集を読破した、早熟の文学青年でもあった。妻・満智子もそれに劣らず、同時期に現代文学の最先端、『ムージル著作集』（全六巻）を愛読していたというのだから、恐るべき早熟と言わねばならない。

だが西部邁の場合、ここで秀才というだけでは片付けられない、少年期の「非行」に言及する必要があろう。それは、強度の「吃音（どもり）」を克服して、暴力革命を標榜する安保全学連の名アジテーターとなった二十代の面影にも、またそこから転じた保守思想家でありながら、前代未聞の「非行」としての自裁を決行した最後の姿にも重なる。

西部邁は五歳の少年の頃、マッチを擦り障子に火を放って、あわや自宅を全焼させたかもしれない非行に及んでいるのだ。目撃した母方の祖母は、加賀弁で「この子はオトロシヤ」と叫んだという。

自裁の決行は、七十余年をかけて蒸留され、「死の思想」にまで昇華した、この特異なる非行少年の不吉な「夢」の実現だったのだろうか。

2

西部邁が十年前に、『妻と僕―寓話と化す我らの死』を上梓した時、筆者はある不吉なものを感じた。かつて、妻と死別した江藤淳（文芸評論家）が失意のうちに、『妻と私』という亡妻ものを著しているからである。しかも江藤は、その直後に自裁している（一九九九年）。

西部の『妻と僕』は、いわゆる亡妻ものではない。余命いくばくもない末期癌の妻を、八年にわたり看病している夫の、死を受け入れる態度といったものを、この思想家らしい原理的な思考によって問い直したものだ。西部邁の死後に刊行された同書の新装版への特別寄稿（「父と母の風景」）で、娘の智子は母親が、「私のものだから」この本を柩（ひつぎ）に入れてほしいと遺言したと語っている。

ところで西部邁は、すでにこの時点で、「死の影」に包囲されていたと言ってよかった。明らかに著者は、妻の死を覚悟しつつも、それ以上に自らの死（自裁）について詳細に語っているのである。不吉というのは、例えば彼がこんなことを明言しているからだ。

「人間の生は、他者に役立つような自己を公の場に現すということでなければ、すでに死んでいるのです。死んでしまった生、そんなものを見させられる立場に我が娘をおきたくない、と僕は切に思います。だから、僕には、『自死の思想』を手放す気は少しもありません」

これは、大衆社会への埋没を拒否する、「選良」の特権意識に裏打ちされた、「自死の思想」である。そもそも、「他者に役立つような自己を公の場に現す」のでなければ、「すでに死んでいる」と言うなら、そうした場から見放された無数の高齢者は、生きる資格がないということになる。

江藤淳にしろ、西部邁にしろ、妻を亡くして急速に余生の感覚を失ったという事実がまずある。江藤淳はその後に脳梗塞の後遺症に悩み、かつ身寄りもなく、ホテル暮らしさえ試みはしたものの独居老人の孤独に耐えきれずに、自宅浴室で手首を切って自殺したのだ。

西部邁の場合も、数々の病魔に侵されていたことはすでに述べた。妻の死を看取った後には、移り住んだ東京都世田谷区祖師ヶ谷大蔵のマンションで、独身の娘との同居生活が新たに始まった。そこから自裁までの時間は、およそ四年弱である。

江藤淳の自裁に見られる死に方について、悪し様に「無思考」のレッテルを貼った西部は、確かに徹底して死についての考察を深めていった。自らの退路を、断つようにしてである。だが精確に言うと、「死の影」は、西部邁自身によって引き寄せられたものではなかった。それは、妻の死を契機に無気味に忍び寄って来たのである。「老人（筆者注、自身のこと）はおのれに迫ってくる死の影をはっきりとみるのやむなきに至る」（『ファシスタたらんとした者』）

私はそこに、「うつ」という要素が関与してはいなかったかと疑うのである。用意周到とは言いながら、亡妻との散歩コースだった多摩川縁での入水を、筆者は「うつ」の果ての西部流の「非行」と見なすのである。ただそれを実行に移すには、引き金となったものがあるはずだ。

その意味で、雑誌『表現者』の特集「西部邁―永訣の歌」に寄せられた、イェール大学名誉教授・浜田宏一の次の感想は、他に誰ひとり指摘しなかったことだけに、注目に値する。彼はそこで、さりげなくこう述べている。

「人は本能的に生存本能があるので、冬の多摩川に飛び込もうなどという意欲は普通出て来ない。しかし、うつ状態になった時は別である」（「西部邁君、安らかにお眠りください」）

浜田は「うつ病」ではなく、「うつ状態」という、より穏やかな表現を用いている。西部邁を少しでも知る者にとって、彼が抗うつ剤に頼るとか、心療内科の門を潜るなどということは、およそ考えられないことである。

だが、死へとひた走る西部の「うつ状態」は、公然と「自死の思想」を語るはるか以前から、深刻だったと言わねばならない。例えば彼は、自身の性格をこう自己分析している。

「子供の時分から死のことばかり考えながら生に躍起になる性格の人間」（『ファシスタたらんとした者』）と。

ここに、事なきを得た幼年期の放火事件から、七十八歳での自裁に至る「非行」の原点がありはしないか。北海道時代の万引き、学生時代の左翼過激派組織（共産主義者同盟）へのコミット、素人賭博へののめり込み、大学教師にあるまじき薬物体験等々。そこに終始一貫働いているのは、無意識の「自己破壊衝動」ではなかったか。

フロイトの精神分析学に照らせば、究極的にそれは「死の欲動」なのだ。自然の本能のさらに奥に隠れた「自己破壊衝動」を、フロイトは「死の欲動」と名づけた。その発見は、第一次大戦から帰還した兵士の「戦争神経症」と呼ばれる症候を通してであった。後期フロイトへの学問的扉を開いた「死の欲動」は、生の延長上にある「死」ではなく、未生(みしょう)以前の無機状態への回帰衝動でもあった。よく知られる「母胎回帰」願望とは、その通俗的な変奏にすぎない。

フロイトは考えた。戦争が終わって、人間が理性を回復し、日常生活に復帰できるというのであれば、反復強迫的に悪夢に悩まされる「戦争神経症」は、説明がつかないと。フロイトはここから、「生の本能」に優る、より根本的な自己破壊衝動としての「死の欲動」を、精神分析の基底に据え置くに至った。

翻って西部邁の「生に躍起になる性格」は、この「死の欲動」に支えられていたと見て間違いあるまい。それが外部に向けられた時、彼の「非行」は過剰なる生を映し出すように突出して現れる。逆にそれが内部に向けられた時、累積した歴史的「伝統」に繋(つな)がり、「平衡感覚」を保った、西部邁に固有の保守思想、すなわち「精神の政治学」が構築されるのである。

ただ、両者に引き裂かれたその生は、常に死に追い立てられて「うつ状態」に落ち込み、そうであるほどにますます、「生に躍起になる」という、悪循環的反復を繰り返していたのではないか。そこで改めて、よくも七十八年間、死を飼い慣らすことができたと、その精神の強靱さに感服するほかはないのである。

そのために彼の保守思想は、ニヒリズムの根を断つという、自己格闘にも似た思想課題を引き受けることになった。

そして、「自死」を「生における企投のプログラムに組み込まないなら、生そのものがニヒリズムの温床になる」(『虚無の構造』)という、西部思想にとっての自明の理が、断言命題的に語られるのである。

もう少し、この問題に踏み込んでみよう。西部は右の『虚無の構造』や『死生論』の後に、「三島(由紀夫)を論じることを通じて、自己の人生に自裁をもって幕を閉じる決意がほぼ固まった」(『ファシスタたらんとした者』)と明快に語っている。

前者は一九九九年、西部邁がちょうど還暦に達した年に刊行されている。それ以前、三島由紀夫(一九七〇年十一月、陸上自衛隊市ヶ谷駐屯地で割腹自殺)を最初に論じたのは、「明晰さの欠如─三島由紀夫」(『ニヒリズムを超えて』)という論考である。単行本化された一九八九年の時点で、西部はまだ「死の影」に包囲されているわけではなかった。晩年に彼は、三島由紀夫について改めてこう回顧している。

「いよいよもって評論家・批評家になったからには、三十一歳のとき以来、自分の心に刺となって突きささっている「三島の死」についてまず書かねばと思った。この熟年者の気になっていたのは、主として、次の二点だ。第一に三島の死の哲学は、『葉隠入門』にせよ『太陽と鉄』にせよ『文化防衛論』にせよ、明晰でも緻密でもない」（『ファシスタたらんとした者』）

こうした三島由紀夫へのアプローチ自体は、優れてロジカルなものであって、「自己の人生に自裁をもって幕を閉じる決意」が固まるまでには、かなりの飛躍がある。西部はしかし、そこから思想的に大きく舵を切ることになるのだ。三島問題は、そのきっかけにすぎなかった。

「知識人が勝れたものであるための一つの必要条件は、ニヒリズムとの思想戦において自死を最重要の戦略として位置づけることだと思われる。自死をその戦略からはずしても構わないが、それはニヒリズムへの降伏宣言である」（『虚無の構造』）

さらにここから、「ピストル自殺」の決行を思い描き、結局失敗に終わったとはいえ、アウトローにその入手を依頼するとなると、もはや死の想念に取り憑かれた思想家の、思想ならざる「非行」としか言いようがない。

西部邁は生前、先立たれた妻と「自死の思想」につき、何度も語り合い、理解を求めるという努力を怠りはしなかった。だが、愛妻を失ってから、娘との二人暮らしになった家庭環境の変化を受けて、彼は既定の「自裁」に向けて、どんな説得を行ったのであろうか。無論、いかなる説得も無効であるしかなかった。

すでに『妻と僕』では、それに関する次のような諦念が表明されている。

「今回わかったのは、僕の娘と息子を説得するのは、二人とも、四十歳に近いというのに、きわめて困難だという一事です。少なくとも、ありありとした瀕死(ひんし)の状態が僕において長くつづき、二人に『父親の瀕死の姿をこれ以上に見させられるのは堪(たま)らない』という気分が確実に高まるという状況がくるまでは、説得困難と予測せざるをえません」

これが正常な心理状態における、正当な判断というものだろう。だが西部は、それからおよそ十年後、そうした状況が訪れる前に、「説得困難」のまま、「自裁」を決行するのである。

西部邁の死に顔は、実に穏やかだったとも伝え聞いている。だが西部智子は、「田園調布の川岸で、弟が父を水中に見つけたときでも、『お姉ちゃんは見るな』と言われた」(前出「父と母の風景」)と語っている。

それから彼女は、母が柩に入れてほしいと遺言したにもかかわらず、見つけ出すことができず、その後に発見した、「父が青年期に書いた母へのラブレター」を、父の柩に入れた。約束を果たせなかった母の元に、そうして送り届けようとしたのである。

母親を看病しながら、智子がふと「老後は寂しくなるな」と漏らしたとき、母・満智子は「お父さんの番組のＤＶＤを視て、お父さんの書いた本を読んでいればいいでしょう」（同）と真顔で応えたという。やはりこの夫婦、娘さえ戸惑いを禁じ得ないほど特殊な絆で結ばれていたのであろう。

「死んでしまった生、そんなものを見させられる立場に我が娘をおきたくない」（『妻と僕』）と西部邁は語った。言葉の核心部において、その健筆は病魔に抗して、最後まで衰えを見せることはなかったと言ってもよかったのに。

3

西部邁は、石狩平野の東端、札幌市厚別（あつべつ）での少年時代の特徴を、「鬱勃たる憂鬱」（『ファシスタたらんとした者』）の一言に集約させている。

「アメリカに擦り寄るのは恥」という、父の言葉に忠実に、「アメリカは吾（われ）に仇（あだ）なすものなり」の感覚を研ぎ澄ました西部少年。彼は上陸してきた占領軍に、抗議の投石を企てさえした。ギブミー・チョコレートではなく、ヤンキー・ゴーホームの志を胸に。

敗戦により、大日本帝国の少国民たる彼の尋常小学校時代は、あっけなく三カ月で終了、「アメリカに擦り寄る」戦後教育の申し子となるのである。否、少年はそれを「鬱勃たる憂鬱」を抱えながら、拒んでみせたのだ。「たった一人のインティファーダ（引用者注、イスラエルの武力占領に抗するパレスチナ人が考案した投石などによる抵抗運動）」を演じながら。

こうして見ると、死に至る晩年をも覆い尽くした「うつ」は、相当に根深かったことが分かる。敗戦に過剰反応した少年の、「うつ」の徴候は、まず小学校低学年からの「吃音」として現れた。西部の「吃り(ども)」は、一九六〇年当時の学生集会で急遽(きゅうきょ)演説を任された青年時代まで続く。ここで彼は、突然変異のように吃音者から脱皮、短躯(たんく)の名アジテーターに変態をとげるのである。

ところで、「吃音」というのは、発話行為に局所的に現れた、環境への適応不全のことである。その意味で西部邁は、終生日本の「戦後」という時代総体への不適応者だった。またそれなくしては、彼の保守思想は強度を失うことになる。

少し奇抜な比喩を用いるなら、西部は戦後の時代思潮を象徴する「平和と民主主義」、「進歩とヒューマニズム」に対して、常に「吃る」ことを余儀なくされた本質的不適応者だったのである。さらに言えば、彼は生涯を通じて、「アメリカ」的なるものの全てに向けて「吃り」続けた。そしてここにこそ、特異なる反米保守思想家の存在理由があったと言えよう。

学生運動家として、鮮やかに転身したと見えた吃音克服者は、その後も思想的に「吃り」続けたというわけである。酒場でよく彼は、吃音者またはその克服者を実名をあげて話題にした。羽仁進、大江健三郎、田中角栄……。田中の語りの中に、句読点のように差し挟まれる「まあ、このー」は、吃音克服の痛々しい痕跡だと、鋭い嗅覚で言い当てもした。

いずれにせよ、死に至る病にも似た「鬱勃たる憂鬱」は、一時も彼を休ませてはくれなかったのである。田原総一朗が西部を評した、「反体制保守派」という商標は、当人にとって決してありがたいものではなかったろう。しかし、「体制順応主義（コンフォーミズム）」に足をすくわれるにしては、彼の「うつ」は尋常ならざるほどに蔓延（はびこ）り、ついには「非行」としての「自裁」を決行させるまで成長していった。

戦後日本への不適応もさることながら、西部邁の思想家としてのスタンスを決定したものとして、アメリカニズムへの反発は、より重要な要素かもしれない。それは悪しき自由・民主主義の指標であり、急進的な「近代主義」の別名であった。近代国家としてのアメリカは、本質的に「左翼国家」であるという逆説さえ弄（ろう）した西部である。

僅か一年とはいえ、彼には留学というアメリカ体験があった。最初のチャンスは、後の文化勲章受章者・宇沢弘文（経済学者）によって与えられた。西部はそれを、妻の妊娠を理由に棒に振った。「吾に仇なす」アメリカで、妻の初産を迎えるなど考えられないことだったのである。子供を強く欲しがったのは、妻よりもむしろ子煩悩の資質に恵まれた夫の西部邁だった。

そこに、「父になる」ことで、積年の「うつ」を克服できるのではないかという、切なる悲願が込められていたのではなかったか。やがて三十六歳の終わりに、国際文化会館の社会科学フェローシップにより、カリフォルニア大学バークレイ校への出張・留学のチャンスが再びめぐってくる。一九七七年、東京大学助教授時代のことである。

六〇年安保闘争の最高被告として、三つの裁判を抱えていた西部は、青木昌彦（故人・スタンフォード大学名誉教授）ら近代経済学に鞍替えした元全学連仲間より、かなり遅ればせの子連れのアメリカ留学生となった。このめぐり合わせによって彼は、ベトナム戦争敗北後のアメリカの「無気力」に接することになるのだ。西部に言わせると、バークレイはベトナム反戦とヒッピーイズムの「聖地」ということになる。そこで彼は、「去勢」された現代アメリカ人の、悪しき典型たちを目の当たりにしたのである。

経済学のスペシャリスト（専門人）から、知のジェネラリスト（総合人）を志向するようになった西部邁。その総合的学問を支える二本の足は、あまたの著書で言及されるエドマンド・バークでも、ホセ・オルテガ・イ・ガセットでもなく、二人のアメリカの哲学者チャールズ・サンダース・パースとタルコット・パーソンズだと筆者は見ている。

アメリカで彼は、プラグマティズム哲学の元祖・パースの実践的方法論を学んだ。だが、最終的に西部のアメリカ留学は、首尾よく運んだわけではなかった。その挫折の記念碑とも言うべきエピソードを、ここで紹介しよう。

一つは面会がかなったが平行線に終わった、かのパーソンズとのやり取りである。その時西部はここぞとばかりに、機能主義社会学の泰斗で、「社会学と経済学の関係づけ」に腐心してきた老教授に、「社会の構造や機能は言語の構造や機能にまでさかのぼって説明できると思う」と畳みかけた。後に『知性の構造』（一九九六年）で、緻密に展開される理論モデルの糸口である。

すると相手は、「たぶんそうだろう」とそっけなく応じ、自身の関心事である「進化論」について長広舌を振るい、四、五十分の面談はあっけなく終了した（「パーソンズの夢想」参照、『大衆への反逆』所収）。彼はたまたま晩年近くに、ハーバードからバークレイに出講してきていたのだ。その表情に重い疲労が現れてきたのを察知して、西部はあわてて席を立った。背中をまるめ、憮然として研究室を出て行く西部邁の後ろ姿が目に浮かぶようだ。

もう一つは、同大学のキャンパスの掲示板に、「レヴィ＝ストロース（フランスの文化人類学者）に会いに行こう」と出ていたので、集合場所に駆けつけたところ、実はジーンズの「リーバイス（Levi Strauss）」の工場見学だったというもの。これらは、西部のアメリカへの不適応の記念碑とでも言うべきエピソードで、特に後者は苦みの効いたジョークにまで昇華している。

ともかく彼は、バークレイで一敗地に塗れたのである。こうして、二年のアメリカ滞在予定を変更、イギリスに渡って伝統社会に根付いた、本格的な「保守思想」の仕込みを開始することになる。そして帰国後、保守という反時代的意匠を躊躇なくまとうことになるのである。

東大駒場時代の全学連の同志・加藤尚武（ヘーゲル学者で生命倫理学を日本に初導入）は、追悼文で死と切り結んだそのあたりの経緯を、こう述べている。

「君が保守主義を標榜するようになった時、君は『近頃年寄りとの付き合いが楽しくなった』と言った。私はそれが父性の不在という君の魂が抱えた荒野が叫び求めているものを充たそうとしているのだと説明した時、君は敢えて否定しようとはしなかった」
（「君の魂の叫びを聞く」、『中央公論』二〇一八年三月号）

傍目から見て確かに西部邁は、福田恆存（評論家、英文学者）や田中美知太郎（哲学者）といった「老人」との付き合いに、過大な意味を自ら与えていた。それを、「父性の不在」の補填と見なす加藤の指摘には、西部邁の死の謎を解く、重大なヒントが埋め込まれているようにも思われる。

「俺は死んでみせるぞ」という姿勢をとることが、「父に捨てられるみじめさを跳ね返す捨て身の逆襲だったのではないか」と加藤は言うのだ。

もとより西部は、父に見捨てられた「みなし児」などではなかった。ただ、少年期から痼疾のように絡みついた「鬱勃たる憂鬱」を、死の誘因となるとも知らずに、密かに飼い慣らし続けた彼は、東大教授といった肩書とは別の次元で、社会的な「みなし児」であることを、自覚し続けていたに違いない。

西部邁のアンチ・アメリカの保守思想とは、「大いなる父」を求めての悲劇的な暗中模索だったのではないか。北海道とアメリカは、伝統という名の父なき新世界という点で共通していた。

「どれほど暗い森に踏み込んでも行く手を正しく指し示し、闘って傷ついて帰宅すれば深く抱擁し、いつまでも温かく見守り続けてくれる大いなる父」（加藤、同前）

だがしかし、西部はその幻像の「父」に縋り付くことを、最終的に拒否したのである。「自殺したい、天性のアナキスト、破壊者、世界の放火犯としての自分を全うしたいという願望が、ほとんど君の意志を超えてまで、くっきりと姿をあらわし、その姿を言葉

に書き記すことが君の最後の作品となった」(同)

その通りであろう。「世界の放火犯」というのも、あながち大袈裟な表現ではない。六〇年安保闘争の最中に、西部は全学連書記局の面々を前にして、いざという時には自分が国会議事堂に火を放つとさえ公言した名うての活動家(アクティビスト)だったのだ。

そして、先に触れた西部邁の「死の欲動」(フロイト)は、明らかにこの最終局面で、「大いなる父」の幻像を凶暴に食い破ったのである。そこに、五十年連れ添った妻・満智子との永久(とわ)の別れが、影を落としていなかったはずはない。

何故なら、「大いなる父」の幻像は、失われた故郷の代理である愛妻のイメージと、一対の関係にあったからだ。北海道の大自然に根を下ろした「大いなる母」という幻像は、常に「大いなる父」のカウンター・パートとして、有効に機能し続けていた。

妻を失った西部邁の一方の幻像は、それから四年を経過したところで、「死の欲動」に完全屈服したのである。もはやその暴発にブレーキをかける何ものも、西部には目に入らなくなった。片時も手放さず、長年秘書役を務めさせた愛娘も、その弟もである。

漏れ聞くところでは、長男は父親の死に接し、「親父も姉貴を残して逝くとは……」と、絶句したという。アメリカ留学よりも、「父になる」ことを優先させた元非行少年。だがそれだけでは、「鬱勃たる憂鬱」から解放されることはなかったのであろう。

そこで改めて、この社会的孤児は、「大いなる父」という幻像を引き寄せた。

彼は失われた故郷の原風景に代わり、「魂が抱えた荒野が叫び求めているものを充たそう」とする。「父性の不在」への切実な代償行為である。やがて引き寄せた「大いなる父」という表象の裏側に、「死の欲動」が貼り付いていることを、西部邁は否応なく知ることになるだろう。

しかもその幻像は、「大いなる母」に担保されてこそ、「死の欲動」の暴発を抑制することができたのである。学生運動で短期間とはいえ、独房に幽閉された彼は仲間からも孤立し、父親からは勘当を申し渡された。修復不可能な親子の断絶には至らなかったものの、「父に捨てられるみじめさ」（加藤、同前）を、彼はこの時、嫌というほど味わっただろう。

それを「跳ね返す捨て身の逆襲」（同）が、かつて戦後社会そのものに打ち捨てられたみなし児の、「俺は死んでみせるぞ」という、なけなしの身振りだったとするなら、もはや何人にも阻止する手立てはなかった。

身体的不自由をかこつ西部邁は、身近にいたその思想的信奉者を、自殺幇助者に仕立てることで、何とか「単独死」を成就させることができた。ところで、生涯をかけて西部邁が投げ打った石礫（いしつぶて）は、果たしてアメリカに届いたのだろうか。

七十八歳で自ら人生を閉じた西部邁の死をめぐっては、その直後から様々な反応が巻き起こった。一つにはそれが、自殺幇助者を巻き込んでの「事件」だったからだが、それだけではない。そこには、病身の高齢者の死のあり方が、極限的な形で映し出されてもいたからである。

4

解剖学の養老孟司の反応は、なかでも最も極端なものであった。「老いと死について」という、稲垣えみ子（「超節電生活」が話題に）との対談（『すばる』二〇一八年十月号）で、養老は「自分がどう死ぬかなんて考えたってしようがない」と語っている。

「老いや死の不安など感じたこともない」らしい養老は、自裁にまつわる同世代人・西部の「考え方は間違っている」とさえ、そこで断言する。

だが西部に言わせるなら、そうした「死の思想」の回避、無思考こそが、生の頽廃の最たるものだったのだ。底なしのニヒリズムに抗すべく、西部が徹底した思考の果てにたどり着いた最後の問いは、「死の輝き」は可能かというものであった。

もっとも、人々が大義名分なき時代に生まれ死んでゆく、「ディストピア」（悪夢のような場所）のただ中で、そんな問いに、「まともな答えが出るわけがない」（『ファシスタたらんとした者』）ことを、西部邁は十分知悉していた。

それだけに、先の養老の老いと死をめぐる楽観主義は、いま頭をもたげてきた「反知性主義」に道を開く危険性を排除できないのだ。つまり、養老の「考えたってしようがない」は、西部流の「まともな答えが出るわけがない」とは、決定的に意味合いを異にするのである。

養老の楽観主義は、オタク的専門家（解剖学）の達観、ないしはオタク的趣味人（虫取り）の思考停止と区別がつかない。スペインの哲学者ホセ・オルテガ・イ・ガセットに影響を受けた西部邁によれば、そのようなおめでたいスペシャリストこそが、悪しき「大衆」の典型なのである。逆に、すでに死語になりつつある「知識人」とは、「まともな答えが出るわけがない」問題を、「しようがない」と放棄するのではなく、思考の射程に収め得た人を指して言うのだ。

西部邁の尋常とは言いがたい死が、ある畏怖の観念を人々に掻き立てるとするなら、それが「死の思想」と、誰よりも粘り強く格闘した末のものだったからだ。

「そうした（死の）輝きを（せめて自分とその周囲の者たちが）感得できるような死に方を選ぶのが、宇宙的（かつ宗教的）なナチュラル・ライト（自然の権利）などとはいわぬも

のの、人間の生におけるナチュラル・デューティ（歴史的当然の義務）なのだと考えられる」（西部前掲書）

これは専門人の達観などではない。最晩年に、「死の輝き」を求めた知識人の、深い哀しみの表明なのだ。ただし、それが思想としての普遍性を持ち得るか否かは、また別問題である。そこに至るまでに、西部は悲観主義（ペシミズム）に傾いた「うつ」の症状に、何度も見舞われている。ことに妻を亡くしてからは、彼の「死の思想」は殆ど普遍性を自己放棄していたかにも見える。

「表現能力が実際的に縮減」していくことへの怯（おび）え。妻たる女性の死による、「半死者」としての余生の自覚。明瞭な「うつ」の症状は、「後世の者に伝えるべきことがこれ以上何もないといった気分」（同前）に、西部を包み込んでいった。

そして、やることが殆どないのにまだ生きているという、末期的な自己認識に、彼は自らを追い詰めていった。自らを突き放すように、彼はこう語ってもいる。

「妻の死から二年半以上も経（た）っているのに、この老人は『妻が死んだという事実を執拗（しつよう）に確認すること』のほか何もできないでいる」（同前）

それでもなお西部は、原稿執筆からテレビ出演まで、律義に日々のルーティンをこなし続けた。新宿の盛り場でのはしご酒（原則的に西部は自宅では酒を口にしない）も、ペースが衰えることはなかった。

それが、「死につつある自分と戯れはじめている」西部邁の、余念のない終焉（しゅうえん）を迎える儀式であることに、誰も気づきはしなかった。それにしても、その絶望の深さはただ事ではない。

「自分なんかの言葉のほとんどはすでにほとんど蒸発してしまった」（同前）

西部邁がこのように、己を責め苛（さいな）むようになったのは、数々の著書への世間的評価の低さ、ないしは無反応ということも関係していた。一般に、頻繁にテレビに出る言論人の本は、必ずしも売れないというのは、出版業界の常識に近い。舛添要一や宮崎哲弥に至っては、まともな本を書く時間をなくすほど、さかんにテレビに出続けていたのだ。

西部邁は違う。彼は自身のホームグラウンドが、活字媒体であることを、最後まで疑わなかっただろう。だがある時期から、西部の著書は、新聞の書評欄でまともに評価されることさえ、希になってきていた。

思想家としての西部の真骨頂は、ケインズ、オルテガから、福澤諭吉、中江兆民にわたる古今東西の知の巨人たちを対象とした、「思想評伝」というジャンルの開拓にあった。

だが例えば、そこで福澤を近代主義の始祖と見立てるという「嘘話（うそ）」（丸山眞男流の）

を暴き立てようと、中江兆民を日本的左翼の元祖とみなす常識を覆そうと、それが論壇で物議を醸すといった事態は、金輪際起こり得なかったのである。

あるいは、雑誌『発言者』や『表現者』といった自前のメディアに、西部は筆を休めることなく執筆を続けた。だが、如何(いかん)せんそこから、彼の主著が生まれることはなかった。

こうして、アカデミズムとジャーナリズムの相互乗り入れという、西部の言論人としての初期の戦略は、東大退官後には、活字媒体と映像媒体の相互乗り入れというように、戦線縮小を余儀なくされる。『発言者』や『表現者』、およびそれらと結びついた「西部塾」から、有為の新人が現れることもなかったと言わざるを得ない。

福田恆存の死の直前の言葉とされる、「言論は虚(むな)しい」を晩年の西部邁が口にするようになるのは、こうした状況を踏まえてのことであった。

この間、彼の交友関係は、以前にもまして幅広く拡散していった。文学、映画畑から、テレビ業界人、元官僚、新右翼まで。頻繁に繰り返される彼のはしご酒に、付き従う面子(メンツ)の確保に、西部邁は全く苦労しなかったはずだ。

死の直前に当たる二〇一八年一月十五日、筆者は偶然、新宿の文壇バー「風花」で、西部邁というよりは物々しい「西部軍団」に遭遇、最後の言葉を交わす機会を得た。自裁当夜に当たる同二十日の深夜も、西部はこの店を訪れている。機嫌良く飲んだ後、何時ものように同行していた娘の智子を、これから人に会うからと断って先に返し、新宿五丁目界隈でタクシーを拾った西部は、自殺幇助罪で一審有罪となった二人と都内某所で合流、一緒に田園調布五丁目バス停付近から多摩川河川敷沿いの「自裁」現場に向かうのである。

筆者が最後に会った日の同行者は、娘・智子の他にテレビ関係者、木村三浩（新右翼組織・一水会代表）、安保全学連の故篠田邦雄夫人といった面々である。西部邁はその時、かなり疲弊しているように見えた。苦り切った顔で、今日はロシア大使館に行ってきたと言っていたのが印象的だ。どうやら、木村三浩を伴っての代理大使との面会らしい。それにしても死の五日前に、西部邁は代理大使と、一体何を意見交換する必要があったのか。

篠田夫人とは、筆者は初対面であった。故人となった夫は明治大学出身で、六〇年安保闘争のピークの同年六月十五日に、国会議事堂突入の工兵隊長の役回りを引き受けた人物である。当時の全学連委員長の故唐牛健太郎夫人といい、西部はこれら全学連ＯＢの遺族まで、物心両面で支えてきたのであった。闘争から、六十年近くも経つというのにである。

ところで西部邁は、この六〇年安保闘争の敗北を通じて、恐らく「死」を通過していた。それは、彼以外にはなかった固有の経験であるかもしれない。『六〇年安保―センチメンタル・ジャーニー』で、彼は「貴重な精神的な財産のはずであった」その目録の披瀝（ひれき）を、四半世紀にわたり封印してきた理由を、端的にこう語っている。

「私は過激派に特有の死の臭いを嫌ったのだと思う」と。新左翼過激派セクトによる内ゲバ、個人テロの時代までには、六〇年安保からなおたっぷり十年以上の時間がある。だが、西部の政治的直感は鋭かった。

「もちろん、ブント（筆者注、共産主義者同盟）は政治的殺戮（さつりく）というものを経験していない。ただし、少なくとも私にかんするかぎり、共産党との争闘をつうじて、六〇年の春には、このままいけば自分は彼らを殺すか彼らから殺されるかするであろうという濃厚な予感をもつ段階に達していた。私が左翼であることをやめた理由はいくつもあるが、そのうちで重要なものに、マルクス主義にたいする失望とならんで、この予感を振払ってしまおうという決断もあったのである」（同前）

西部のこの予感を現実のものにしたのは、一九七二年の連合赤軍事件であった。因みに、京浜安保共闘と連合した赤軍派は、西部の属したブント（共産主義者同盟）系の最過激派である。長野県あさま山荘での機動隊との銃撃戦で死傷者が出た時点で、西部はさして動揺しなかったという。だがその後に、衝撃的な十二名の同志リンチ殺人が発覚したのだ。

西部は早くも六〇年代に、「殺人へとほぼ論理的に展開していく」だろう、「憎悪の心理機制」に、沈着かつ過敏に反応していた。自らの「死の恐怖」を媒介にして。否、自ら殺人者となるのではないかとの恐怖をも媒介にしてだ。

連合赤軍事件に接し、左翼体験をもたない妻・満智子は、十年前にはよく分からなかった「左翼内部の殺し合いの可能性」について、「こういうことだったのね」と得心がいったように語ったという。

こうして見ると、すでに六〇年安保闘争の段階で、暴力革命の虜になった「日本の悪霊」たちは、無気味に立ち騒いでいたことになる。例外的にそれを察知していた西部邁は、さしずめ元祖「ロシアの悪霊」たちの狂言回し役スタヴローギン（ドストエフスキー『悪霊』の主人公）にも、その犠牲者にもなり得たかも知れぬ「境界人」だったのではないか。

ともかく、連合赤軍事件は、左翼過激派のシンパサイザーの尻尾を、なお完全には断ち切れずにいた西部にとって、他人事ではなかったのである。

「こんな気分で過ごしていたものだから、連合赤軍事件の報道は堪えた。リンチの陰惨

ぶりもさることながら、私は、自分の思想の曖昧さを思い知らされてうろたえたのである」（同前）

晩年近く、西部邁は『どんな左翼にもいささかも同意できない18の理由』という、挑発的なタイトルの著書をものしている。彼を単なる左翼からの転向者、体制への順応者、鞏固な右翼マインドの持ち主と見誤る種は、実は西部自身がばら撒いてきたとも言えるのだ。

抜群の俊英であり、真正知識人であった彼の左翼批判は、かつて随所でユーモアのセンスを感じさせた。穏健な保守思想には、不可欠な要素である。だが、迫り来る死の影は、遂にその芽をも摘み、彼の言説を紋切り型に還元させるに至るのだ。

## 5

ところで、越中富山の浄土真宗の僧侶の血を引く西部邁は、二代目の道産子ということになる。浄土真宗は、直接布教のためというより、北海道開拓の有力な一団として、北陸のみならず全国動員に近い形で、札幌その他の開拓にも当たっていたのであった。

そこは、「出自を異にする棄民の成れの果ての集まり」であり、西部は自身を、「共同体なき似非共同体」に育まれた子と自認していた（『ファシスタたらんとした者』）。

長万部から移り住み、四歳から十六歳まで過ごした、札幌市厚別の原風景を西部邁は、花々が一斉に咲き乱れる、「花盛りの道」の記憶として語っている（同前）。

あるいは、その匂い立つような季節の変わり目について、この希代の文章家は、「雪解けが終わると、冬場に溜まった馬糞を風で煽るいわゆる『馬糞風』が札幌の名物であった」（『友情―ある半チョッパリとの四十五年』）と記憶を喚起する。

西部が過ごした戦前から、戦後十年までの札幌は、まだ四輪馬車が走っていた時代である。彼にとっての「故郷喪失」の本質は、「棄民」の末裔の「似非共同体」の記憶の喪失にあった。それは、確かな原点のない、抽象的な次元にわたる二重の喪失を意味していたはずだ。

そして、西部には故郷の原風景と共に刻まれた、馬車にまつわる悪夢のような記憶が、生涯付きまとって離れなかった。むしろ、時と共にその原風景が消え去るのに反比例して、二番目の妹（容子）を事故に遭わせた悪夢が、無気味に甦ってくるのであった。

札幌南高校二年の夏、彼は自転車の後ろの荷台に乗せていた妹に、大けがを負わせている。ブレーキの故障で転倒直後、荷馬車に轢かれる妹を彼は間近で目撃したのだ。以後、西部邁はその罪と罰を、自ら背負って生きていくことになる。

ことに、肝臓癌により五十八歳で妹が亡くなると、その遠因が事故後の大量輸血にあったと自ら断定、人目をはばからず酒場で涙したこともあった。

愛おしかったのだろう。西部が、「生き方としての死に方」(『保守の遺言』あとがき)の最終段階を、具体的に考えるようになったのは、妻の死とともに、この血を分けた最愛の妹を失ったことが大きかった。

西部邁の少年期の「吃音(どもり)」から「失語(症)」への進展は、この事故に帰因する、自身に課した「罪」と「罰」と無関係ではない。その鬱屈は、学生運動から足を洗い、学者としてのスタートを切った後までも、彼を強く拘束していた。華麗なる転身など、彼には不可能だったのだ。

かつての全学連仲間で、西部に先んじて近代経済学者として歩み始めていた青木昌彦が、ミネソタ大学に旅立つのを、羽田空港で見送った西部は、当時の鬱屈をこう語っている。

「その飛行機が急角度で上空へ飛び立っていくのを眺めながら、まだ地べたに這(は)いつくばって六・一五事件(筆者注、六〇年安保闘争)の(予想)実刑判決を待っている自分の姿を、考えても詮ない仕儀とはいえ、惨めな奴(やつ)とみなしたものである」(同前)

京都大学の助手時代、同教授の青木を見知っていた浅田彰は、この宿命のライバル同士を、イソップ寓話の「都会のネズミと田舎のネズミ」に喩えたことがある。姫岡玲治のペンネームを持つ青木は、早くも東大在学中に『日本国家独占資本主義の成立』を刊行、吉本隆明の「戦後世代の政治思想」で、高く評価される。

西部・青木の交友は、西部が東大本郷で、佐伯啓思（京大名誉教授）、間宮陽介（同）らの大学院生のセミナーを担当していた時代まで続いた。彼らゼミ生と西部・青木を交えての豪華な飲み会も、しばしば行われた。両雄互いに四十代に入る以前の話だ。

訣別の経緯は、脱経済学の方向を模索していた西部に、「近経の正統派と一戦交えよう」と持ちかけながら、最終的に近代経済学の軍門に降った都会のネズミに対する、田舎のネズミの意地と鬱屈である。ミクロ経済学と比較制度分析の専門分野で、ノーベル賞に最も近い経済学者と呼ばれた青木への西部の対抗意識には、並々ならぬものがあった。

西部の処女出版作『ソシオ・エコノミックス』には、六〇年安保の若きリーダー・青木昌彦に直接向けられた一節が、その「はしがき」に記されている。「ソシオ・エコノミックス」（社会経済学）とは、西部が新古典派経済学の大海に十年間、漂流したあげくに辿りついた援軍なしの孤島だったのである。

「一九六〇年代末から、新古典派に代る新しい経済学として公共経済学やラディカル・エコノミックスが提唱されたが、経済学の現実認識が改善されたとはいい難い。方法についても諸科学との関連についても、旧来の経済学帝国主義が踏襲されている」

間違いなくこの一文は、『ラディカル・エコノミックス』の編著者・青木昌彦の「経済学帝国主義」への痛烈なアタックを直接意図していた。因みに、西部の『ソシオ・エコノミックス』は、版元（中央公論社）からその判型（四六変形判）まで、『ラディカル・エコノミックス』に倣ったもので、それによっても西部の秘められた対抗意識を窺わせる。

青木に特徴的だったのは、ボブ・ディランの詞を枕にふるような都会のネズミの横書きの経済学のポップ感覚。これは、石原慎太郎の『太陽の季節』（一九五六年）後に現れた「太陽族」に対して、「赤い太陽族」と呼ばれた安保全学連のシティ・ボーイ感覚にも通じる。

これに対し、保守派宣言をする以前の西部は、けれん味のない田舎のネズミの知性を、縦書きの散文の力で体現してみせた。しかも前者は編著、後者は単著である。青木の最初の妻が自殺した時にも、桐島洋子（ノンフィクション作家）と青木が事実婚状態にあってスキャンダルになった時にも近傍にいた西部は、米カリフォルニア州で客死

1995年春、西部は妻満智子、娘の智子と共に英国を旅した。
「私の大切な思い出」と智子は言う（西部家提供）

（二〇一五年）した青木の葬儀にも参列しなかった。

ところで、時に挑発的な言説に彩られもした西部の「保守思想」に、資本主義批判の要素が仕込まれていたことを見逃すべきではない。西部の「保守」が最も忌み嫌うのは、例えばイノヴェーションの一語に象徴される、資本主義につきものの「創造的破壊」（シュンペーター）のプロセスだった。ここにも、西部の鬱勃たる保守思想の真髄が垣間見える。

「資本主義経済にあっては創造的破壊が（世界市場の覇をめざしつつ）破壊的創造に逆転するほどに熱烈に追求されつづけてきたし、その結果として各産業にモノポリー（独占体）すら形成され、そしてその独占体は世界中に販路を拡張すべく狂奔している……」（『保守の遺言』）

かつて、資本主義を「砂漠に咲く花」に、民主主義を「砂漠を吹く嵐」に喩えた西部である（『生と死、その非凡なる平凡』）。その「保守思想」は、およそ現状維持、現状肯定を是とする思想の対極にあった。西部邁のユニークさは、社会主義とは逆の方向から、資本主義の限界を透視していたところにあっただろう。

その一方で、風土的慣習や、「伝統」に帰着する「平衡感覚」を重視する複眼を十全に理解するには、「死の思想」との緊張関係に思いを及ぼす必要がある。

北海道という歴史の蓄積なき新世界に、二代目の道産子として生を享（う）けた西部邁は、また日本の「戦後」という、「父なき時代」に精神形成を行った世代でもあった。そこで彼は、「父なき時代」の申し子として、「大いなる父」を仮構するのである。その幻像が五十年間連れ添った愛妻・満智子によって引き寄せられた、「大いなる母」の幻像と均衡する限りで、リアリティを保ち得たことはすでに述べた。

妻の死によって、彼は幼い頃から生の裏側に貼り付いていた、「死の欲動」（フロイト）を野放しにするようになる。「棄民」という、失われた大いなる過去の歴史（ヒストリー）・物語（ストーリー）を埋める「大いなる父」の幻像は、「死の欲動」によって無残に食いちぎられるのである。

「非行」としての「自裁」までは、あと一歩の距離にあった。火付け、万引きに始まる非行少年の暗い情念が、「死の影」の接近とともに甦ってくる。問題はその「生き方としての死に方」が、西部の保守思想を裏切ってはいなかったかという一点だ。

八〇年代以降のポスト・モダン思想の流行に最も批判的だったのは、代表的保守派の論客となった西部邁その人である。その段階で彼は、「善く生きよ」とは言っても、「善く死のう」などとは、言わなかったはずである。M・フーコーのエイズによる死を始め、ポスト・モダン思想の旗手たちは、狂死（ルイ・アルチュセール）、投身自殺（ジル・ドゥルーズ）など陰惨極まる死を遂げた。

私はここで、西部邁の死もまた、陰惨だったと言おうとしているのではない。ただ彼の保守思想が、穏健なままではすまなかったことを述べたいのだ。

前近代（プレ・モダン）と近代（モダン）、そして超・脱近代（ポスト・モダン）の思想的バランスシートを、西部ほど緻密に考え抜いた人はいない。彼の激越なポスト・モダン批判は、野放図な知の過激主義（ラディカリズム）への警告を主眼としていた。その限りで、彼は「善く生きよ」の思想家だったのである。

独力で死ぬ力を失っていたとはいえ、ともかく彼は真冬の多摩川に飛び込んだ。不思議に私は、身体的自由を失った高齢者の死の陰惨さを、そこから感じはしなかった。それが、西部による渾身（こんしん）の「思想死」のせめてもの救いである。

その死からちょうど七カ月後、私は盆明けの紀州熊野にいて、お誘いしていた長女・

西部智子さんと待ち合わせ、世界遺産の本宮大社に詣でた。運転をかって出てくれたのは、故・中上健次（和歌山県新宮市出身）の長女・中上紀（のり）（作家）である。西部邁と中上健次には、私が橋渡しをして実現した週刊誌での対談（「非行・戦後史・飽食日本」、『中上健次対話集成2』所収）があった。それは一九八五年、地元紀伊勝浦のマンションでB型肝炎の病気療養中だった中上を、西部が訪ねるという形で実現した。

対談が終了してから西部が中上に語ったことで、忘れがたい言葉がある。それは、痩せ衰えた作家の破天荒な生き方をたしなめたもので、「中上よ、善く生きよ」と言ったのである。「ただ生きるな、善く生きよ」とは、ソクラテスの言葉だ。後に西部邁は、『大衆の反逆』で知られるオルテガを引いて、こう言い直している。

「人間は単に生きるだけではなく『善く生きること』に関心を持つ奇妙な動物である」（『人間論』）

改めて、「善く生きる」とは、無頼派的な生き方の対極で、死に至る壮絶な生を引き受ける、西部のある覚悟と深く切り結んでいた。そして、西部流の「生き方としての死に方」は、無頼派的ではなく、あくまで単独者の「無頼」＝「非行」の実践であったと思いたい。その死を美化する代わりにである。

西部智子さんをお誘いしたのは、こうした過去の熊野コネクションもさることながら、先に亡くなった彼女の母親が、熊野詣でを念願していながら、病のため実現不可能に終わったという事情を聞いていたからだ。言わば今回は、娘の代参である。

西部・中上対談から三十三年、その娘たちが本宮大社に詣で、明治二十二（一八八九）年の大水害で流された旧社地・大斎原の参道を連れ立って歩いてゆく。盆明けとはいえ、日差しはなお酷暑の夏そのままであった。

戦後生まれで最初の芥川賞作家・中上健次は、一九九二年に四十六歳の若さで逝った。彼の生涯のテーマは、自身の生い立ちそのままに、紀州、そしてアジアの「路地」に生きる「みなし児」たちであった。その主人公たちの「大いなる父」を求めての漂泊が、西部邁の心の琴線に触れたのかどうか。中上は、西部邁自らが選んだ対談相手だった。

父を追う中上紀は、主題的に熊野と切り離せない作家になった。父親を失い、父親から解放された西部智子の後半生はこれからである。重なり合う二つの影に言葉を失いつつ、私は二十代からの知友である彼女たちの前途を祈る。否、祈るしかない。

父の死を超えて、「善く生きよ」と。

# 第II部 反時代的「保守」への道

英ケンブリッジ大に留学した当時、親子四人で住んでいたフォックストンの民家。西部は「地域そのものがアンティークであるような村」と回想している（西部智子さん提供）

# 1

六〇年安保闘争での全学連闘士としての活動だけではなく、西部邁の人生は、「物語」的な起伏に富んだものだった。

安保闘争を総括するエッセイ「馬鹿騒ぎの顛末」（『幻像の保守へ』所収）で、彼はこの体験を通じて、図らずも「生の文体」を習得していたことを懐古的に語っている。勇気、怯懦、裏切りなどを嫌というほど味わったことで。だがそれらは、西部邁の本源的な資質を、後戻りのきかない形で、「生の文体」に生成させる契機にすぎなかった。

「保守的のであれ革命的のであれ、過激であろうとするのは一種の非行である。私の好きになる生の文体は非行者のそれである」

「安保闘争の関係者にかぎらず、私の縁はいつも非行者を探して延びてゆく」（同前）

因みに西部がコミットしたブント（共産主義者同盟）は、世界で最初の反スターリン主義の新左翼組織だった。反帝国主義、暴力革命を指向するブントは、日本共産党に対する「非行」としての分派活動の末に誕生（一九五八年）した過激派だったのである。なかでも彼は、共産党を除名された最も若い学生活動家だった。

安保闘争の翌一九六一年、二十二歳の誕生日（三月十五日）に全学連幹部の会合で、「戦線逃亡」を宣言した西部は、半年にわたる東京拘置所（＝巣鴨プリズン、現在は池袋サンシャイン60が建つ）での独房暮らしから解放されたばかりであった。その前夜、豪勢に鴨鍋（かもなべ）を食べて後の決意表明の場には、永遠のライバル青木昌彦も、後の中核派の最高幹部・清水丈夫（たけお）も同席していた。文無しの彼はその後、青山から東大駒場の学生寮まで歩いて帰ったという。

逮捕勾留は、共産党からの報復テロ、リンチに怯（おび）えていた西部にとって緊急避難でもあっただろう。なにせ彼は、投票箱のすり替えによって駒場の委員長になった、全学連主流派の非行活動家だったのだ。西部がいた東京拘置所第三棟には、帝銀事件（一九四八年、帝国銀行椎名町支店での十二名毒殺、現金強奪事件）の平沢貞通死刑囚もいて、何度も黙礼を交わしていた。

最大の屈辱は、入所時に全裸で四つん這（ば）いにさせられ、尻の穴にガラス製の細い棒を差し込まれたことだった。他の収監者に伝染の恐れのある病原菌の検査のためである。

その年の暮れ、上野から汽車に乗り、尾羽打ち枯らして元日の夜に札幌郊外の自宅に辿り着いた西部を、真宗坊主崩れの父親は、「お前に玄関の敷居は跨がせない」と追い払った。一浪後の一九五八年、「金の卵」と呼ばれた集団就職絶頂期の中卒者とともに、上野駅に降り立ったエリート東大生の哀れなる「蕩児の帰還」である。

ところで学生運動から離脱し、後に保守派に転じた西部邁は、「転向」という言葉を自身にも、あるいは他者から差し向けられることも肯んじなかった。これは思想的な居直りではない。筆者はそれを、「非行」の連続、「生の文体」の持続の相で捉え直したい。「戦線逃亡」後、大学に残り、計量経済学という色気のない学問に沈潜することになる西部は、相変わらず無軌道な生活を続けていた。素人博打のチンチロリンで夜を明かしたまま、帰宅途中の駅ホームで、誰も解けなかったパズルのような数学の問題の解が閃き、大学に直行、担当教官の宇沢弘文に絶賛されるということもあった。

遡ると、中学を卒業する年の公立高校の入試のための統一試験で、道内一の成績を取った俊英だ。もっともそれが、万引きした参考書での独学の成果というところが、いかにも非行少年の面目躍如である。

安保闘争絡みの三つの裁判で、奇蹟的に執行猶予を勝ち取ったのは、主任裁判官・山田鷹之助の温情判決によることは本人が認めている（「北帰行の記録」、『サンチョ・キホーテの旅』所収）。ともかくそれによって、学職の道が開けた彼は、高校の同級生と結婚、一九七七年に遅ればせのアメリカ留学を果たす。だがそこは、西部の「生の文体」に本質的に馴染まない場所であった。その要因については、第Ⅰ部で触れた。

翌一九七八年三月末、アメリカ生活に見切りをつけた西部邁は妻子を伴い渡英、年末までケンブリッジ大学の席を温めることになる。西部一家が暮らしたのは、ケンブリッジ市から八マイルの郊外にあるフォックストンという小村だった。ロンドンまで電車で小一時間の片田舎で、一家の主（あるじ）は疲れ切った翼を休めるように、連日こんこんと眠った。帰国の頃には頭髪が目立って白くなったと語っていたのを、筆者は鮮やかに記憶している。思えばそれは、「保守」への変成のための、一年に近い〝居籠り（いごもり）〟（擬死と再生の通過儀礼（イニシエーション））の時間ではなかっただろうか。

アメリカからヨーロッパへ、とりわけフランスでもドイツでもなくイギリスへ。それは西部邁にとって、ほとんど命懸けの思想的な転生を促す旅だった。一九八〇年代の半ば、言論人として脂の乗りきった彼は、反時代的「保守」という自らの立ち位置についてこう語っている。

「保守主義は生への讃歌（さんか）であって、死への挽歌（ばんか）ではない」（「保守の態度」、『幻像の保守へ』所収）

問題はその一方で、同時期にこうも語っていることである。

「人間の生は、おおまかにいって、善悪、真偽、美醜、快苦、生死などなどのあいだできわどく平衡を保つものであればこそ、危機としての生であるほかないはずのものである。死を生きるといってもよいし生を死ぬといってもよいのだが、いずれにせよ、この不安定平衡状態を維持しつづける営みが生の本質であるにちがいない」(「相対主義の陥穽」、同前)

前者の引用における「生への讃歌」は、「死を生き」、同時に「生を死ぬ」という、のっぴきならない「不安定平衡」の方途を探る、「生への挽歌」でもあったのだ。つまり西部邁の「保守思想」は、あらかじめ非行者の「死の欲動」(フロイト)への防衛反応としてあったことを意味していよう。

翻って、この危うい「不安定平衡」からもっとも遠いのが、西部の忌み嫌う「アメリカニズム」という名の過激近代主義なのである。だがしかし、彼は単純な反米ないしは嫌米思想の持ち主などではなかった。

その重要なヒントは、同じく『幻像の保守へ』に収められた「パースとヴェブレン――記号の原点をもとめて」にあるだろう。同じく八〇年代半ばの論考である。この二人は、西部邁が例外的に評価したアメリカの哲学者であり、社会経済学者である。

その共通点は、「産業社会の発展につれて知識の専門化が急速にすすむ時代に逆らって、総合化をなそうとした」その志にあった。西部邁は、「両者の描いた総合的な人間学」を携えて、エドマンド・バークに代表されるイギリス保守思想の方に赴くのである。

現代記号学の創始者のひとりチャールズ・サンダース・パース（一八三九〜一九一四）は、赤貧のうちに七十五年の生涯を閉じたプラグマティズム哲学の元祖。西部はここで、制度派経済学の創始者ソースティン・ヴェブレン（一八五七〜一九二九）の不遇とともに、その思想的「同一の行程」を明らかにしつつ、可能性としての「アメリカ精神の一端」に照明を当てる。

すなわち、彼らは「ヨーロッパを引き受けつつ乗り越えようとした」その共通点において、アメリカ精神の「異形の典型」であるとともに、「逸脱者」だったのだ。したがってパースの死は、低俗な実利追求へ堕ちていったアメリカ的プラグマティズムの思想運動にとって、「永遠のトーテム」だったと西部は語る。

その意味は、彼を思想的に葬った学会の「疚（やま）しい良心」（ニーチェ『道徳の系譜』）の記念碑ということだ。直接的な影響関係はないものの、西部はヴェブレンもまた、可能性としてのプラグマティストだったという。そして、「両者の強靱な思考にアメリカ精神の力強さをみる」と同時に、「彼らを赤貧と孤独に追いやったところにアメリカ精神の残酷」をも透視する。

アメリカという新しい思想風土のなかで、ヨーロッパ的なるものの継承とその超克を企図したパースとヴェブレン―西部流のコンパクトな「思想評伝」は、その「生の文体」によって、遺憾なく真骨頂を発揮する。

この未然に断ち切られた、「アメリカ精神」の可能性を追う西部の言説が、後年いかにアンチ・アメリカに傾いていったにせよ、私たちは彼を凡百の反米ないしは嫌米の保守思想家と一括（いっかつ）することは許されない。

晩年の『保守の真髄―老酔狂で語る文明の紊乱』で、西部はヴェブレンの名前など日本人は知らないと「文句をつけてきた」編集部に、本文中で癇癪（かんしゃく）を起こしている。主著『経済倫理学序説』（一九八三年、吉野作造賞受賞作）に、「ヴェブレン黙示録」が収められていることも知らずに西部に接近したのだろう。さらにもう一人、「デカルトの敵」と呼ばれたイタリアの哲学者ジャンバティスタ・ヴィーコ（一六六八〜一七四四）に関しても、「ヴィーコなどというほとんど誰も知らない人間の名前など出さんでくれ」と、同じく編集部からクレームがついたらしい。

ヴィーコは一七世紀西欧にあって、デカルトというより、追随する悪しきカルテジアン（デカルト主義者）への批判者だった。「複雑な歴史感情や生活感情の襞（ひだ）がすべて鉋（かんな）にかけられたように滑らかにされてしまっている」ことへの慨嘆である。

ヴィーコの名を喚起することで、西部邁の「生の文体」は、人間の外部のみならず、その内部における感性と理性の単純化に向かわせる、現代の「テクネーなきテクノロジー」の頽廃を告発するのだ。

因みに「デカルトの敵」とは、清水幾太郎の名著『倫理学ノート』中の一節のタイトルである。詩人・思想家で、六〇年安保闘争で逮捕された吉本隆明とともに、全学連のシンパサイザーをかって出た社会学者・清水は、ご多分に漏れずその後の「変節」(一九八〇年の『日本よ国家たれ―核の選択』は物議を醸した)が批判の的になった。だが西部は、「時代の波濤の頂点で平衡の姿勢をとりつづける」一貫性に、賛辞を惜しまなかった(「洋才の内に潜む和魂」、幻に終わった新評論『清水幾太郎集』全11巻の宣伝パンフレット参照)。

ところで、『保守の真髄』を書き、さらに冥土に旅立つ置き土産(みやげ)として、『保守の遺言』を著して自裁した西部邁の可能性としての保守思想は、この二著に見る限り枯渇しつつあった。むろん妻を失った後に東京多摩・東大和の自宅を売却し、膨大な蔵書を処分した後で、よくもこれだけの思想史的データを、縦横無尽に駆使できたと感嘆することもできよう。

だが、西部邁の最後の著書が、二冊の新書本であったことは、その思想哲学的な射程の広さを知る者にとって、寂しい限りであった。象徴的に言うと彼は、ヴェブレンやヴィーコの名前を聞くや、自らの無知を恥じることなく、「誰も知らない」などと拒絶反応を示す編集者によって、固有の社会思想的な泉を枯渇させられたのである。

それは現代日本における、編集能力（エディターシップ）の低下というより、その崩壊の徴候だった。問題は、左右を問わぬ真っ当な思想表現の危機自体にある。それが、あらゆる言論の解体、反知性主義という大衆の野蛮な叫びと連動していることを、西部邁が感受しなかったはずはない。

「死への挽歌」ではなく、「生への讃歌」であったはずの保守主義は、こうして新書的スケールに縮退を余儀なくされ、言論界は彼を祭り上げたように見せて、実は残酷に祭り棄てたのである。

## 2

保守主義というものは、何かある実体と結びついたものではない。かつて江藤淳は、保守主義は特定のイデオロギーではなく、「エスタブリッシュメントの感覚」以外のものではないと述べた（『保守とはなにか』）。対する西部邁は、こう語っている。

「私の保守的心情はすでに実在している何か具体物を固守しようという種類のものではない。そういう実在物があってほしい、だからせめてその探索法を身につけたいものだ、と私は構えている」（「北帰行の記録」、『サンチョ・キホーテの旅』所収）

だが、基盤を共有するかに見える両者の保守思想には、決定的な断絶があった。雅子妃の母親と従兄妹同士の江藤淳は、父親が三井銀行行員、祖父は海軍中将、母方の祖父も海軍少将という選良だった。一族は戦後に零落したとはいえ、江藤淳には紛れもない「エスタブリッシュメントの感覚」が宿っていたのである。

一方、北海道出身の西部邁には、そうした感覚も特権意識も持ちようがなかった。彼の父方の祖父（智玄）は、越中富山の東本願寺派の末寺から、二十五歳の年に寺を畳んで、夕張郡長沼村に入植している。母方の祖父も、加賀石川の柴山潟からこの地にやって来た開拓農民だった。四十歳頃に若死にしたこの祖父は、入植後に日本共産党の創設メンバーである野呂榮太郎を東京に送り出すのに一役かったというから、有為の人物ではあったのだろう。

だがこうしたルーツから、「エスタブリッシュメントの感覚」など育まれようもなかった。江藤淳より七歳年下、一九三九年生まれの道産子・西部邁は、自らを「流民の末裔」、あるいは「氓民の子孫」（同前）と自己規定している。

重要なのは、西部が生まれ育ちと無縁な、純戦後的な「保守」派の新世代だったという事実だ。否、厳密には無縁とは言えないかも知れない。何故なら、彼は故郷・北海道に対して、歴史の蓄積なき「日本のなかのアメリカ」という特別な意識を抱いていたからである。

八〇年代に至っての保守派宣言いらい、徐々にアンチ・アメリカの旗幟を鮮明にする西部の屈折した心情は、そうした「流民の末裔」、「氓民の子孫」の「実在しない何か」への止みがたい憧憬に根ざしていた。「幻像の保守」とは、その指標だったのである。

「エスタブリッシュメントの感覚」を保持した江藤淳に、西部は反発に近い感情を抱いていたはずだ。論壇デビューから間もない頃、西部は自らの意志で、軽井沢千ヶ滝にある江藤の別荘を訪ね一泊している。ちょうど夕食が始まろうとする頃、編集者から来訪したいとの連絡が入った。江藤はにべもなく食事がすんでからにして欲しいと告げ、西部は軽井沢の闇夜に放置された彼を思い、せっかくの食事も喉を通らなかったと、江藤の死後に語っている。その後公式の対談もなく、西部邁は二度と江藤淳に近づくことはなかった。

日本における保守思想の系譜に言及する際にも、彼はあえて江藤淳をそこから除外している。田中美知太郎、小林秀雄、福田恆存、三島由紀夫という系譜（哲学者の田中を除くと全て文学者）を思い描くなら、そこに江藤も加わるのが自然だろう。

逆にこの中に、三島由紀夫の名が入っていることの方が、よほど不自然なのだ。四十五歳で割腹自決したこの作家の作品から、「保守」などという要素を探し出すことは困難であろう。

小説『英霊の聲』、評論『文化防衛論』を擦り合わせると、天皇陛下万歳を叫んで果てた三島の「天皇」が、昭和天皇などではなかったことは歴然としている。むしろ彼は、戦後の象徴天皇制を否定し、二・二六事件の蹶起将校を、不快感をもって切り捨てた昭和天皇を、ほとんど呪詛していたのである。そもそも日本刀を片手に、子飼いの「兵隊」を引き連れて、自衛隊駐屯地に駆け込む「保守」などあろうはずがない。

西部邁の語る保守的心性が、たとい「熱狂を避けることにおいて熱狂的」でなければならないとしても、『文化防衛論』の過激さとは相容れる余地はないはずだ。三島は時にテロリズムの形態さえとった、「みやび」なる宮廷文化を頌え、「文化概念としての天皇」が、「無秩序の側」にも加担すると大見得を切った（『文化防衛論』）。

そのために彼は、保守どころか戦後的なるものの一切の価値を、全否定しなければならなかったのである。

確かに西部邁も三島同様、アメリカに「去勢」された戦後日本を呪ってはいた。だから、アメリカからの真の独立を求めて、現憲法を廃棄（「改正」ではなく）し、核武装（ただし彼は核兵器の発動を報復核としてしか認めていなかった）を提案したのである。

だが、保守思想家としての西部の本領は、むしろ三島由紀夫の盲点だった、戦後日本の「高度大衆社会」批判の文脈に即して発揮された。信仰と懐疑を失った「奇怪な無」としての大衆と、その先頭にある知識人集団が、手を携えて「伝統の破壊」に盲進している状況への根底的な批判である（「相対主義の陥穽」、『幻像の保守へ』所収）。

ここで、虚無主義への転落を宿命づけられた価値「相対主義」が、保守主義の対極にあることは自明であった。相対主義者とは、西部にとって端的に、「臆病な虚無主義者」を意味していた。西部の大衆社会批判は、さらに三島流の「過激な虚無主義（アクティブ・ニヒリズム）」への抑制装置でもあったのだ。したがって、三島と同世代の吉本隆明の次の西部評は的外れと言うしかない。

「西部さんの本に『大衆』とか『民衆』といった概念がまるで出てこないことには驚きました……現在の西部さんが一種の頑強な保守性を意図的に強調するのは、あの時代（引用者注、六〇年安保闘争の時代）に、『大衆』に対する意識が落ちていたことに対するコンプレックスが尾を引いているのかもしれません」（吉本隆明『わが「転向」』）

因みにこの時点で、西部はオルテガ・イ・ガセットの『大衆の反逆』の向こうを張って、『大衆への反逆』をすでに世に問うていた。おそらく未読の吉本にとっては、日常生活圏から思考的に上昇することのない「大衆の原像」を、自己の思想に繰り込み、大衆を敵にしない思想を構築することが、知識人の思想的普遍性を保証する鍵なのであった。

だがそれは、なし崩し的な大衆信仰に堕する危うさを常に孕んでいた。吉本隆明は、高度大衆消費社会の進展に伴い、その「原像」の拡散を受け入れざるを得なくなる。そして八〇年代以降には、苦し紛れに「マス・イメージ」なる空虚な「大衆の幻像」にすがり、最先端のサブカルチャーと戯れ始め、思想的に墓穴を掘るのだ。

西部はそうした対立軸が鮮明になる以前、八〇年代半ばに一度だけ吉本と対談、「ぼくは、本当に楽しかった。二十五年かかってやっと、吉本さんと会えた」と語っている（「大衆をどう捉えるか」、『論士歴問―大衆社会をこえていく綱渡り』所収）。

プライベートにはその前に、一九七七年の渡米（カリフォルニア大学バークレイ校に留学）に当たって、吉本に面会を求めている。十五歳年上の六〇年安保当時のイデオローグと、膝を交えて話しておきたかったのだろう。白桃を手土産に、文京区千駄木の吉本邸（当時）を訪れた西部は、その一方的で休みない語りに当てられ、虚しく引き揚げてきた。

時は流れ九〇年代以降には、二人の思想的な接点は、すでにどこにも見出し得なくなっていた。吉本はと言えば、オウム真理教によるサリン事件（一九九五年）後にも教祖・麻原彰晃を優れた宗教者として擁護、賢明なる「大衆」の顰蹙(ひんしゅく)を買った。

片や西部邁は、保守派としては例外的にアメリカのイラク攻撃（二〇〇三年）に反対を唱えた。それと相前後して西部は、「親米保守」と最終的に訣別、「新しい歴史教科書をつくる会」とも袂を分かつことになる。言うまでもないが、西部の思想はアメリカの新保守主義（ネオコン）とは、何の関係もない。そこには、「保守思想のかけらもない」とまで西部は言い切っている。二〇〇四年のインタビューで、彼はアメリカが「左翼国家」としての本質を露呈したとしてこう語る。

「冷戦が終わり、対抗相手のソ連が退場したことで、頭上の押さえが外れたのでしょう。ただソ連型の社会主義も米国流の個人主義も、近代主義という点では同じです。自由や平等といった価値を、一方は集団的・計画的に、他方は個人的・競争的に実現しようとしただけ。冷戦は左翼同士の内ゲバです」（『朝日新聞』二〇〇四年二月五日付朝刊）

そして西部は、東西冷戦が生んだ「親米保守」に、最後通牒を手渡すのである。

「冷戦下では反左翼や反社会党でまとまれました。ただし日教組とは闘っても、日教組教育の根本にある教育基本法が『米国の肝いり』で作られた事実や同法に米国流の個人観や社会観が刷り込まれている事実に関する米国批判は避けられてきた。保守とは何かという問いより、米側に付くべきだという冷戦のリアリズムが優先されたのでしょう。

しかしソ連が崩壊したことで、米国という問題が前面に出てきた。今後も米国に付いて

行き続けるのか否か、イラク戦争はその問いを明確に突きつけた」（同前）

こうした西部のポスト冷戦時代の保守思想の視角は、ユニークというより、戦後日本ではタブーに近かったのだ。その論理的矛盾をいち早く突いたのは、文芸評論家・本多秋五との「無条件降伏論争」（一九七八年）を闘った江藤淳である。

江藤はここで、ポツダム宣言受諾による日本の降伏は、無条件ではなく、そこに明記された有条件の降伏であり、連合国もそれに拘束されていることに変わりはないと主張、無勢の論陣を張った。文学者同士が、独自の政治論を闘わせた最後の時代である。その余勢をかって、江藤は戦後日本の保守・革新に共通するタブーを暴露するようにこう語る。

「保守党は、一方ではナショナリズムの強調を使命としながら、他方、つねに日米協調を説きつづけなければならない。他方、革新は、一面で反米ナショナリズム結集の努力を続けながらも、半面、占領政策を凍結したマッカーサー製の憲法護持を叫びつづけなければならない。両方とも自己矛盾がある。いずれもつまり、上目遣いにアメリカを見上げることに馴れすぎている。それが、戦後という時代が日本人に課している最大の知覚のゆがみ、認識のゆがみではないだろうか」（『忘れたことと忘れさせられたこと』所収インタビュー参照）

さて、ここから保守思想の隘路に踏み込むなら、当然にも日米安保条約の是非論を避けて通るわけにはいかないだろう。条件付き核武装論者の西部邁は、日本の対米追従からの脱却は唱えても、日米安保不要論にまでは言及していない。だがしかし、アメリカの反対を押し切ってまで核武装を行い、自前の防衛ラインを整備した時、二千億円弱の「思いやり予算」付き在日米軍基地は、一体何のために日本にとって必要となるのだろう。

いずれにせよ、沖縄の犠牲の上に立つ戦後日本の「知覚のゆがみ、認識のゆがみ」は、日米間の長期同盟関係が続く限り、根本的に解決されはしないだろう。日本がアメリカからの、フリーハンドを獲得するためのネックは、やはり「憲法」であり、「日米安保条約」なのである。改めて言うと、日本はこのフリーハンドを握るために、アメリカの仮想敵国となることを覚悟しなければなるまい。ここで西部邁のアメリカ批判は、戦後最大の政治的争点だった、かの一九六〇年安保闘争の時点に引き戻されることになるのである。

だが彼はそれ以上、この戦後日本にとっての大いなる難題に深入りすることはなかった。

3

芸術選奨文部科学大臣賞を受賞した、『サンチョ・キホーテの旅』（二〇〇九年）のタイトルには、西部邁の散文精神のエッセンスが埋め込まれている。ベルリンの壁が崩壊し、昭和が終焉した一九八九年にも、西部は『サンチョ・キホーテの眼』という本を出している。よほどお気に入りの命名だったのだろう。

言うまでもなくサンチョ・キホーテは、ラ・マンチャの男ドン・キホーテと、その従者サンチョ・パンサとの合成名である。スペインの作家セルバンテスの『ドン・キホーテ』は、十七世紀前半に著された二百年も先を行く近代小説の先駆けであった。

この作品の成立には、近代への扉を開いた西欧ルネサンスの三大発明のうち二つが関与していた。火薬と活版印刷技術である。キホーテとは、それまで口承文芸としてあった「中世騎士道物語（ロマンス）」が、一挙に活字媒体に乗って流布し、また鉄砲の普及によって騎士という中世的な職業が、リストラの対象になった時代の申し子だった。

すなわち彼は、オタク的な活字中毒者となり、仮想現実の中ですでに存在しない騎士を、真剣に演じ始めた悲喜劇的な人物だったのだ。ここに、「物語」のパロディとしての「小説」という要件が、奇蹟的に出揃ったわけである。

さて、それでは西部邁のサンチョ・キホーテとは何者なのか。それが西部の保守思想と、深く切り結んでいる所以(ゆえん)は、仮想現実に生きるキホーテの浮き世離れした物語世界への憧れ、騎士道精神に染まったヒロイズムと、地に足の着いた従者の、卑俗なる日常感覚との矛盾的統一を象徴する固有名だからだ。

独身のキホーテに対し、農夫サンチョには、養わなければならない妻も両親もいたのだ。サンチョ・キホーテとは、超俗の贋騎士と短身の従者、仮想現実と卑俗なる現実の両世界に相渉(あいわた)り、対極にある両者の折衷ではなく、「不安定平衡」を希求した西部保守思想の核心とかかわっていたのだった。虚無主義(ニヒリズム)への転落を防ぐ対抗戦略として。

かつそこには、ドン・キホーテもどきの「英雄譚と滑稽譚の混淆」を演じている自身の姿を、サンチョ・パンサよろしく「精神の政治学と世間の常識で観察」(『サンチョ・キホーテの旅』)する、卓抜な複眼と、溌剌たるユーモアが活きていた。

脱経済学を標榜する西部邁が、イギリスの経済学者ケインズに即して語った、「散文的健全性」とは、それ以外のことではない。サンチョ・キホーテ西部が、ケインズの「可能性の中心」に見たのは、経済学プロパーでも、実際的な政治へのコミットでもない。「政治と審美性、行動性と思索性あるいは世俗性と超俗性のあいだの緊張」(『ケインズ』一九八三年)という、彼の専門人離れした知性の形であった。

西部の言う「散文的健全性」とは、ロック、ヒューム、アダム・スミスに遡る十七世紀後半から、今日に至るイギリスの思想哲学の系譜に脈々と流れる伝統とも結びついていた。

「ケインズ自身もこの伝統につらなろうとしたのは明らかである。散文的健全性あるいは物語的理性は、いわば文学的アートと数学的アートとの中間に位置している」（同前）

この「境界人（マージナル・マン）」としての「不安定均衡」こそ、西部の目指したものだった。そこには、専門知の臨界点を乗り越えようとする西部の、「総合的認識」への志向が顕著であった。

「ケインズは言葉に生きる人であった」（同前）と明言する彼は、象徴的な意味での「数学」＝横書きの経済学ではカヴァーできない領域への、ケインズの踏み込みの特異さに照準を合わせる。

「ケインズは言葉に生きる人であった。彼は活力ある生としての言論行為にみずからをかりたてて已むことがなかったのである。あえて誇張すると、政策論議はそうした生の、いってみれば、偶々の題材であったにすぎぬ」（同前）

サンチョ・キホーテ西部も、かつてそのように学会の外の現実にコミットした。時には中曽根康弘のブレーンとして、あるいは「朝まで生テレビ！」のようなメディアへの、不毛を承知での出演を通じて。それがいかに西部を消耗させたか、筆者には想像もつかない。
サンチョ・キホーテという、一身にして一人二役の困難が、この思想家をどこに連れ去ったか。ともかく東大退官後の彼は、叡山を下りて俗界のただ中に身を投じたのである。そこにまた、ケインズの孤影が二重写しになる。
「散文的健全性とはより説得的たらんと努めはするものの、なにほどかの退屈をあえて厭わぬものといえよう。つまりそれは、いくぶん退屈な既成の事実に密着しつつ、その事実を多少とも脱常識的な位相にずらして説得的に解釈しようとするものである」（同前）
西部邁がケインズに即して語っているのは、経済学では到達不可能な、この実践的な「解釈学」への意志のことなのである。そこで、サンチョ・キホーテの複眼のパラドックスが、有効に機能することになるだろう。
「ドクサつまり臆見や偏見をこえてゆくのがパラドックスであり、そして創造的な言論行為はその中心にパラドックスをすえるものである。それが私のいう実践的解釈ということである」（同前）
そのようにして、西部邁は経済学の外部に、自身の最終的な立ち位置を見定めることになる。その引き金となったのが、東大教養学部への中沢新一招聘の失敗と、足を引っ張った教授連への面当てに、決然と東大教授を辞任退官（一九八八年）した一件（『剥がされた仮面―東大駒場騒動記』参照）である。

私たちはここで、『サンチョ・キホーテの旅』に、しばしば西部邁の愛妻が、講演旅行の帯同者として登場してくる（同書所収の「憶い出の星座」参照）ことを想起してもよいだろう。『ドン・キホーテ』を愛読した西部が、サンチョ・パンサの妻テレサ・パンサの面影を、そこに重ねていなかったはずはないのである。

東大退官後、自前の新雑誌『発言者』の創刊を契機に、妻・満智子はそれまでとは全く別の意味で、夫・西部邁を支えていかなければならなかった。もとよりそれは、東大教授夫人としての心労の比ではなかっただろう。

一九九四年の『発言者』創刊によって、西部は妻子をこの雑誌の編集・経理担当者とし、矢面に立たせることになるのである。これは例えば、安保闘争で西部らとともに逮捕された吉本隆明がその後、雑誌『試行』（当初は谷川雁、村上一郎との共同編集、後に吉本の単独編集）を立ち上げ、発行所を自宅とし、妻・吉本和子を経理担当者としたこととは意味合いを異にする。少なくとも吉本は、この雑誌を直接予約購読者を優先する、商業メディアから一線を画した自立誌として創刊したのだ。

『発言者』はそうではない。論壇大手の『諸君！』（文藝春秋のオピニオン誌、一九六九年創刊、二〇〇九年休刊）や、いまだに存在する『正論』（産経新聞社）、『Voice』（PHP研究所）といったポンコツ保守・右翼雑誌と競合し、一般書店に並ぶ商業誌として市場参戦したのである。雑誌の宣伝も兼ねた、サンチョ・キホーテの全国行脚が始まった。

1994年4月、『発言者』発刊を祝う会での西部邁。中曽根康弘元首相、渡邉恒雄読売新聞主筆ら各界の“ドン”がその船出を祝った（西部智子さん提供）

セルバンテスの『ドン・キホーテ』では、テレサ・パンサは、旅に出た夫の帰りを待つ一介の主婦にすぎない。サンチョ・キホーテ西部は、家にあっては日常生活を律し、自身の一世一代の賭けを支持するテレサ・パンサ満智子を、旅の道連れにするのだ。

そして確かにこの糟糠（そうこう）

の妻は、地方講演だろうと、未明に及ぶ文壇バーでの宴会だろうと、サンチョ・キホーテにぴたりと寄り添い、世俗と超俗を往還するこの気まぐれな亭主の「非行」を支え続けたのである。サンチョとキホーテの男同士の一人二役は、一人の女性を専業主婦の座から引き下ろし、遥かなる「旅」の同志に引き上げたのだ。

筆者はそこに、戦後という「父なき時代」の保守思想を孤独に担った西部邁の、卑俗的なフェミニズムを見る思いがする。素因は、彼の出生に関係していた。何せ彼は、十代で私生児を産んだ母親の再婚相手の次男坊という、俗に塗れた男だったのである。

そして、真宗坊主崩れの父を持つ西部より、道内ではハイソサエティに属する町医者の娘・満智子は、テレサ・パンサなどよりはるかに洗練された女性だった。言論人として、有卦に入った西部の「散文的健全性」は、この鋭い第一読者に負うところが大きい。

「世間の人は貧乏人のことはあまり気にかけないくせに、金持には鋭い視線をじっと注ぐものでね。それで、もしその金持がかつて貧乏だったとしてごらん、すぐさま陰口や中傷がとびかうってわけさ。そして何より困るのは、そうした悪口がいつまでたっても収まらないこと。なにしろ陰口屋はそこいらの街頭に、まるで蜜蜂の群みたいにうようよしてるからね」（『ドン・キホーテ後篇（一）』牛島信明訳）

凡庸な主婦、テレサ・パンサのここでのリアリズムは、西部邁の大衆批判と一脈通じていないこともない。だが、そこには何かが致命的に欠けている。それが、西部の言う「散文的健全性」なのである。西部邁の保守思想は、そのように妻子を巻き込みながらも、ケインズのような上流保守階級の「特権」とは、およそ別の場所で着々と醸成されていった。

それは、西部邁が理想の家庭を築いたなどという美談とは別である。おそらく彼は、アカデミズムの世界に安住する人々には考えられない、煉獄（れんごく）としての「家庭」や「世間」という要塞（バリケード）に、身を晒（さら）しっぱなしにしたのである。

アカデミズムという外郭に守られ、超俗に生の根拠を求めることもできた生活に終止符を打った人間にとって、評論家稼業への転身で家庭が泥沼と化す危険は十分あっただろう。そのリスク・マネージメントと無縁でいられるのは、純粋な仮想現実に生きるドン・キホーテのような、独身主義者のみである。野に下ったサンチョ・キホーテ西部の反時代的「保守」思想は、あくまで世俗に射程を限定しつつ、着実に固有の領域を切り開いていった。

再びケインズ論に戻ろう。西部邁がこの自己限定を逸脱せずに、「国家」について語り始めるシーンだ。「国家は人間の産み落とした最も危険な幻想」であると、西部はこの難題に切り込んでいく。

翻って国家の本質を、「幻想的な共同性」として喝破したのは、十九世紀半ば、『ドイツ・イデオロギー』におけるマルクスだった。サンチョ・キホーテ西部は、その制度的な抽象性を確保したまま、それを個人領域に及ぶ徹底して俗なる語りに落とし込んでいく。

「国家は、巨大な幻想の運動であるということができよう。つまりそれは、習俗（モーレス）にもとづく道徳（モラル）が、人々の集合表象となって、自らの可能性を時間の流れのなかで共同のプログラムとして開示してゆく過程なのである。個人はその過程から逃れたくとも逃れることができない。というのも国家の活動は、戦争にせよ福祉にせよ、個人の幻想のなかにひそかに根を張っているにちがいないからである。個人のなしうることは、良くも悪くも、自分の個的幻想そして自分らの集合的幻想を相手に真剣な遊戯を行うことであるにすぎない」（『ケインズ』）

かくして一九八〇年代半ばから、サンチョ・キホーテの幻想を相手取る「真剣な遊戯」が、世俗的「保守」の「散文的健全性」に支えられ、敢行されることになるのである。その旅は、ひとまずテレサ・パンサ満智子の発癌まで順調に続いた。

西部邁の妻・満智子の末期に近いS字結腸癌が発見されたのは、二〇〇六年のことだった。余命三カ月と告知されたものの、漢方の鍼灸治療の効果もあって、彼女は二〇一四年まで、八年間の闘病生活に耐えた。

川崎市中原区新丸子の「かわだ東洋クリニック」には、夫婦で通い、西部自身も持病の神経痛の通院治療を行っていた。伝統的な東洋医学と脊髄骨盤調整法の組み合わせで、自己免疫力を高めるという療法である。二〇一八年一月に入水した田園調布五丁目の多摩川縁は、通院の際の老夫婦お気に入りの散歩コースにあり、妻の死後西部は何度となく、自殺のための格好の場所を見つけたとか、側にロープで体を括り付けるのにちょうどいい木があるなどと、周囲にほのめかしていた。

二〇一八年一月二十一日未明、娘・智子の携帯電話に無言の着信が入る。最悪の事態を直感した彼女は、父親からの二時間過ぎてから警察に通報せよとの事前の指令を待ちきれず一一〇番通報、目星を付けたそのあたりにパトカーに同乗して直行した。ただ、漆黒の闇に閉ざされて、発見には至らずに一旦帰宅するのだ。

こうして、自らをサンチョ・キホーテに擬した西部邁の旅は終わることになる。彼は晩年まで、札幌、東京、名古屋、京都、久留米（および北九州、唐津）と、全国の「西部塾」を活動拠点に、多忙な執筆活動の合間を縫って、講演に全国を飛び回っていたのである。

そこで改めて検証すべきは、西部の「散文的健全性」が、実際どのように衰えていったかである。ケインズに即して語られたその精神は、晩年近くになると、「戦後最高の知識人」と仰いだ福田恆存の名によって語られるようになっていた。

西部は福田が、「三十代半ばに突如として文芸評論を辞めて、政治評論を中心とする（述者のみるところ）プロゼイック・サウンドネス（散文的健全性、一見したところ退屈にみえるが読みすすめるにつれて説得力を発揮する類いの文体）に移っていった、についても頷くことができる」（『保守の真髄―老酔狂で語る文明の紊乱』二〇一七年）と語っている。

その延長で彼は、『フランス革命の省察』で批判的な考察をしたイギリスの政治思想家エドマンド・バーク（一七二九〜一七九七）や、『アメリカのデモクラシー』を著したフランスのトックヴィル（一八〇五〜一八五九）を引き合いに、彼らにとっての哲学的概念が、「人工的な言語」ではなく、「根源的なセンチメンツ（情操）」に基づいていたことを強調している。

重要なのは、それを「表わしうる語彙を日常的な言語のなかから探り出し」、「みずからの散文の中枢に据え置く」という、優れて世俗的な身振りだった。別の場所で西部は

「市場交換」と「投票行動」を重視しつつ、「個人の合理性を発揚させることを最大の価値としてきた国家」、アメリカを俎上に載せる（『保守の遺言』二〇一八年）。

西部邁はそこで見失われたのは、「合理の大前提には感情がある」という本質だと述べている。そして、「歴史感覚の乏しい移民国家」、「実験国家」であるアメリカにはそれを望むべくもないのだと。

ここでのアメリカ批判は、単純な反米感情から来るものではない。何故なら、言及されている「感情」や、「センチメンツ（情操）」は、おそらくイギリス古典経済学の祖アダム・スミス（一七二三〜一七九〇）の「道徳感情」から導かれる「合理の大前提」であり、一種の倫理だったのだから。

だがこの時点で、西部邁自身の「散文的健全性」、延いては「保守思想」は、ほとんど底をついていたと言ってもよかった。筆者はそこに、愛妻を失ってから急速に西部を捉えるようになった、「末期の眼」が作用していたように思われてならない。死の直後に刊行された『保守の遺言』の「序文」には、次のような不吉な断想が書き記されている。

「なお、僕の自死への構えは二十三年前におおよそ定まり、そして二年ほど前に打ち消し難く、その具体的な行為の細部にかんするまで、固まってしまっていた。ということは自分の主宰していた雑誌『表現者』に書いていたエッセイのほとんどが、『死者の眼に映る状況』論なのであった」

さて、五十代半ばから緻密に構築されてきた、「死に方は生き方の総仕上げ」（『保守の真髄』）という、自裁の思想が、西部の積み上げてきた「保守思想」と、どう整合性を保っているかについては、大いに疑問の余地がある。にもかかわらずそれは、家族のみならず周囲に公言するほどの不動の信念になっていた。

ところで、「末期の眼」というのは、その昔、川端康成がエッセイのタイトルに用いたものだった。その無気味さをいち早く指摘したのは、慧眼（けいがん）の三島由紀夫である。昭和八（一九三三）年、「昭和史のもっとも危機感にあふれた時代」（三島由紀夫『作家論』）に書かれたこの川端のエッセイは、「狂死の画家古賀春江や、芥川龍之介の死の直前の文章」にかかわっていることで、「鬼気を帯びてゐる」と三島は語る。

「芸術的才能が、或るもっとも強靱な臓器のやうに、死に際して一番あとまで生き残るといふ話の無気味さは、その『生き残る』といふことにあるのではなく、芸術的才能を臓器と同じやうに扱ふその没価値的な目の怖ろしさにある」（同前）

今読み返すと、この三島の一文も十分に無気味であるが、西部邁の「末期の眼」に映し出されたこの国の「状況」が、悪臭芬々（ふんぷん）たる惨状を呈していたことは確からしい。そこで、『保守の遺言』の副題は、「JAP.COM衰滅の状況」となったわけである。

そして、身体不如意のための口述筆記だろうと、達文家・西部の「才能」は、痛々しいほどに健在そのものであった。だがそれは、往年の「散文的健全性」とはおよそ別のものだっただろう。

言論人としての幕引きを、自作自演で行った彼は、「死の影」に包囲されてなお自在に「状況」を撃てる、自身の不死身の臓器のような「口舌」に、つくづく嫌気がさしていたのではなかっただろうか。

「思想というものの本髄を探るための仮説作りに精出し、保守思想の系譜の底に流れているものを把握しようとし、マスソサイアティの醜悪に抗おうとし、そして日々生起する新たな状況に切り込もうというおおよそ四元からなる私のささやかな言論活動も、これで終止符を迎えることとなったわけである」（『保守の遺言』）

この西部の多元的な活動を支えてきた「散文的健全性」は、死に奉仕するためのものではなかったはずである。率直に言えば、自死へのカウントダウンが始まってなお、著作をものするという行為自体が、決定的に不健全なのである。

例えば、『豊饒の海』四部作を残して自決した三島由紀夫は、その擱筆（かくひつ）を市ケ谷陸上自衛隊駐屯地での割腹自殺の日付、一九七〇年十一月二十五日と合わせて、原稿用紙に明記した。それればかりか彼は、死後も遺児に誕生日プレゼントが届くように、都内の百貨店に手配していたというのだから、その病的な周到さには恐れ入るしかない。

遺作『豊饒の海』第四部、『天人五衰』から立ち上るうそ寒い気配は、三島の死と不可分な関係にあった。一口にそれは、「作品行為」の本質的な不健全性によるのである。

翻って西部邁は、そうした小細工とは無縁な人だった。しかし、律儀に仕事をこなしてゆくその並外れた刻苦勉励と勤勉性において、彼は三島に引けをとらなかった。迂闊にも筆者は、西部が死の十年以上前の二〇〇〇年の時点で、「自殺できて安堵しております」なる死亡通知もどきのエッセイを、『私の死亡記事』（文藝春秋編）という一書に寄稿していたことを最近まで知らずにいた。

因みに二〇〇〇年は、妻・満智子の発癌の六年前に当たる。周囲はなお、「私儀、今から丁度一年前に死去致しました」で始まるこの一文に、致命的な不吉さを感じ取りはしなかったのではないか。西部邁はまだ、複数の病魔に蝕まれてはいなかったのである。

ここで彼は、自殺を選んだ理由として、肉体的限界ではなく、あくまで「自分の精神がもうじき甚だしい機能低下を示そうとして」おり、「自分の単なる延命のために長年連れ添ってきた妻に介護の苦労を強いるのは想像するだにおぞましいことでした」と、過去形で語っている。

もとよりこれは、虚仮威しなどではない。冒頭に自ら、「死因は薬物による自殺」と書き記しており、しかも銃器を使用するつもりが、当てにしていた二人が投身自殺、胃癌で亡くなり、やむなく薬物にしたと述べられている。

二人はともにアウトローに生きる渡世人で、ことに前者は『友情―ある半チョッパリとの四十五年』（二〇〇五年）に描かれた、札幌南高校の同期で在日朝鮮人の父親を持つ海野治夫である。西部はこの著書の印税を、彼の遺族に手渡している。この律儀さは、三島の病的なそれの対極にある。拳銃に関しては、死の直前にもう一人、手づるを延ばしたが入手することはできなかった。

練馬の西本願寺系の寺（本来、西部家は東本願寺系なのだが）に、愛妻とともに眠る西部邁は、どこで大きく死に向かって舵を切ったのか。これは解けない謎であるが、思想表現者としては、「散文的健全性」が十全に機能していた限りで、死は彼方にあるリアルな幻影に留まっていた。

最後の自宅（西部邁は生涯に二度、東村山、東大和の一戸建て住宅を売却している）となった、世田谷区祖師ケ谷のマンションは、娘の智子の一人暮らしを想定してか決して広くはない。仏壇なしの祭壇には、西部夫妻の位牌が仲良く並んでいる。その横に、西部が地元の『北海道新聞』に寄稿した、珠玉のエッセイが切り抜きで飾られていて筆者の胸を打った。

それは「末期の眼」などではなく、往年の柔らかな精神と、穏やかな眼に映し出された故郷にまつわる大切な記憶である。平成五（一九九三）年、出身校である北海道・厚別の信濃小学校の設立百年記念祭で記念講演した西部は、「私の記憶と重合する物品も光景も札幌市厚別にはただの一片もなかった」（「北帰行の記録」、『サンチョ・キホーテの旅』所収）と哀しみを込めて綴っている。一九七二年の札幌冬季オリンピックで、厚別は徹底的に再開発されたのだ。

祭壇に飾られたエッセイ「叢のにおいとキリギリスの鳴き声」（「私の風景」）は、その原風景の消失を補って余りある溌剌とした筆致で運ばれている。

「……私は線路のわきの叢をじっと見下ろしている。そうしていると、小学校低学年であった時分、札幌郡白石村字厚別を通る国道二七四号の路傍で、キリギリスに惹きつけられ、砂利埃にまみれた叢を、そのなかで虫声の響く一点を、ひたすらみつめている自分の姿が脳裡に浮かんできて、どれも懐かしいのである。叢のにおいまでもが浮かんでくるような気がする。そのにおいは、いわゆる草いきれというのとは異なる。いかにも北国のものらしく、それには蒸し暑さの感じが少しもなかった。一本ずつ孤独に寒々しく佇立している草々が、単に偶然に寄り集まって出来たもの、それが厚別の叢なのであった。だから、それはむしろ無臭であり、周囲に漂っていたのは土埃のにおいだけであったのかもしれない」

その頃、西部邁は主宰する札幌「表現者塾」での講義のため、隔月のペースで帰郷していた。叢のキリギリスの声の記憶は、なお確実に彼の生を励ましていたのだ。

5

数多ある西部邁の著作で、日本の思想家を対象とした単著は、『福澤諭吉―その武士道と愛国心』と『中江兆民―百年の誤解』の二冊である。

これらの著書で、西部は両者を持ち上げる「戦後啓蒙」の系譜に、殴り込みをかけている。前者については、「福澤惚れ」を公言する丸山眞男がターゲット、後者では「民主政治の元祖」に兆民を祭り上げるのに貢献した桑原武夫（『人間兆民』）が血祭りにあげられた。

丸山と桑原は戦後、東大、京大教授の地位にあって、東西を代表する「戦後民主主義」のオピニオン・リーダーだった。その神話の解体を目論む西部にとって、福澤諭吉は単なる「自由主義者」などではなく、中江兆民も同様に「民主主義者」などではなかった。

さらに西部は、福澤を近代主義の始祖に見立てる丸山流の「嘘話(うそ)」に執拗に切り込み、あるいは中江兆民を、日本的左翼の元祖とみなす桑原以下の「進歩的文化人」に待ったをかけた。

何よりも西部邁にとっては、両者を「保守思想家として日本の近代思想史の上に位置づけ」(『中江兆民』)なければならないという、孤独な使命感があった。そのため、先の二著には西部の苛立ちと、感情過多の部分が見受けられる。『福澤諭吉』では、『「文明論之概略」を読む』(岩波新書のベストセラー、全三巻)の丸山が、デマゴーグのように貶められた。

また死の五年前、喉頭癌を発生し、すでに書き言葉での書き下ろしを行う力を失っていた西部は、最後の気力を振り絞るように、話し言葉で兆民論を語りかける。そして、ルソー『民約論』の翻訳で名をなし、「東洋のルソー」とまで言われた兆民の正体を突きとめるべく、「日本思想史における巨大なブルシット(嘘話)」に、猛然と立ち向かうのだ。

その神話剥がしが、首尾よく成功したかどうかはさておき(論壇での反応は皆無に等しかった)、次のような西部の言説は、邪気を払う「正気」に満ちていたと言うべきである。例えば彼は、翻訳を除くと福澤に比して、圧倒的に著作の分量において見劣りのする兆民を、次のようにフォローしている。

「兆民の文章が諭吉のそれより優っているところがあるとしたら、それは、社会の状況のどまんなかに（好むと好まざるとはいざ知らず）身をおくことになった人間に特有の、『生ける文体』という一点においてのみです」（『中江兆民』）

この「生ける文体」は、兆民論に限定できない、西部自身の言説にとっての、言わば「掛け金」でもあった。その文体を支える指標とは、「インテグリティ（総合的な判断力、時間的な一貫性、人格的な誠実性）」（同前）であり、思想における「アクチュアリティ（現存性）」（同前）であった。「兆民の文は状況のなかで生きている」（同前）と西部は語る。

こうして彼は、西洋哲学と漢学古典によって鍛え上げられた、中江兆民の「生ける文体」を、その生のスタイルに重ね合わせるのだ。気高き「奇人」の誉れも高い兆民は、「平衡感覚を、生の具体的な状況のなかで、保ちつづける」正気の人として、二十一世紀のどまんなかに呼び戻されることになる。

福澤諭吉についても、西部の着眼はユニークそのものであった。西部は何かにつけて、「足軽よりちょっと上の侍」の子（＝諭吉）と、「足軽そのもの」の子（＝兆民）を、思想的同類（「二卵性双生児」と表現）として扱う。

そこに共通して見出されるのは、「境界人（マージナル・マン）」という、危うい均衡を生のスタイルとした思想家の風貌であった。攘夷と開国、官と民、蘭学と英学というように、下級武士として、幕末維新期を生きた諭吉の同時代的な条件は、二項の選択を状況の節目ごとに迫られる変革期のそれであった。だが福澤諭吉の特異点は、局面の変化に応じて、そのどちらかを選択しながらも、決して一方に偏して過激化することなく、「精神の平衡」を保つことにかけての非凡さにあったと西部は語る。

「少々大胆な仮説であるが、諭吉における平衡感覚はそのボンサンス（良識）に、あるいは良識をその中心に秘めている人々のコモンセンス（常識）に、繋がれていたと私は思う」（『福澤諭吉』）

西部が強調するのは、「私のために門閥制度は親の敵（かたき）で御座る」（『福翁自伝』）と語った諭吉が、「武士の子」以外の何者でもなかったという事実である。そしてなおかつ、彼の生涯が、「境界人（マージナル・マン）」としての人生模様を、浮き彫りにしていたことであった。中江兆民についても、西部はこう語っている。

「彼もまた、諭吉と同じく、いやそれ以上の際疾（きわど）さで、マージナル・マン（境界人）であったといえるでしょう。東洋と西洋、封建と近代、統治と反逆、国権と民権、文筆と（日常および政治の）生活、哲学と時評、信仰と懐疑その他様々の二面性の境界線上で兆民は生きたのです」（『中江兆民』）
「境界人（マージナル・マン）」に注目した旧著『ケインズ』がそうであったように、『福澤諭吉』も『中江兆民』も、幾分かにおいて「自分論」であったことは、西部自身が認めている。「境界人（マージナル・マン）」の特徴の一つは、二項対立図式のいずれか一方に加担する場合にも、カウンター・パートの排除によって、急進的に一方向に偏るのではなく、あくまで「漸進主義（グラデュアリズム）」の身振りを崩さない、秀逸にして非凡なパフォーマンスにあった。

今にして思えば、人事問題（中沢新一招聘）のもつれから、東京大学教授を辞任（一九八八年）した一件にしても、異例の紛糾に立ち至った真因は、西部および中沢という、アカデミズムとジャーナリズムの境界線上で危うい均衡を保つ「境界人（マージナル・マン）」への、東大的専門人たちの反発にあった。これ以上、アカデミズムの花園を、荒らすなというわけである。

その昔、「批評の対象が己であると他人であるとは一つの事であって二つの事でない」、と小林秀雄は語った（『様々なる意匠』）。西部邁もまた、諭吉、兆民に託して「己の夢を懐疑的に語る」（同前）つぼを心得ていた。また学者である以前に、本質的な批評家であるからこそ、彼はそれぞれの「文体」に、個性を超えた思想の型を見出し、あるいはその普遍性の具体的表れを直覚したのだ。とりわけ、「散文的健全性」を重要な目安にして。

「諭吉の（評論ならざる）批評にあっては、その無愛想な散文体のうちに、国民とその政府とのことを離れては、どんな歴史物語も、それゆえ人間社会にかんするいかなる理解も、成り立たぬということが強く示唆されている」（『福澤諭吉』）

境界線（オン・ザ・ボーダー）上での「不安定均衡」に耐えるためには、けばけばしい「文体」は、むしろ不適切なのである。退屈な現実をめぐる「無愛想な散文」——さて、その果てに何があったか。

すでに引用した『ケインズ』の一節を再び引こう。「散文的健全性」は、「いくぶん退屈な既成の事実に密着しつつ、その事実を多少とも脱常識的な位相にずらして説得的に解釈しようとする」ところから生まれる。

徹底して俗に就くこと。「国民」および、その「政府」と分かち難い「歴史物語」とは、けれん味のない、そうした卑俗（ダス・ゲマイネ）の文体の賜物だったのである。西部邁の反時代的な保守思想は、そのような語りを通して、近代的理性の極限への上昇ではなく、その「臨界」への下降を促していた。

そうなると、丸山、桑原の諭吉・兆民をダシにした「戦後啓蒙」は、一旦白紙還元されることになる。結果的に、戦後的な「自由」も「民主主義」も「ヒューマニズム」

も、確かに色褪せて見えるのだ。もっとも、「戦後啓蒙」自体が、すでにこの時点で死語となって久しかったのだが。

いずれにせよ、「境界人（マージナル・マン）」・西部邁は、諭吉・兆民の二人三脚によって、日本的な保守思想の原点に立ち戻ることを呼びかけたのである。

ところで、福澤諭吉、中江兆民の文体に注目したのは、西部邁が最初ではなかった。今から六十年前の一九五九年、『作家は行動する』の江藤淳が、真っ先にその「散文」の「文体」に注目していたのだ。

因みにこの当時の江藤は、保守ではなく、むしろリベラル左派の心情に近かった。保守への旋回は、六〇年安保騒動での国会の機能停止への失望、さらには自身のアメリカ体験を通じての日本再発見を契機としていた。江藤は福澤諭吉が、近代日本にあって、「俗語の活力」をその散文に取り入れたことを特筆する。

「つまり彼の『文体』は散文の要件をほぼ完全に充たしているということになるであろう。いいかえれば、われわれは、福沢諭吉においてはじめて真に動的な散文家にめぐりあうのである」（同前）

「このような自由な散文家、リアリスト、行動家を、われわれは福沢においてはじめて発見し、以後、中江兆民をのぞいてはほとんどふたたびみないのである」（同前）

西部邁はまさに、この文脈の延長で彼らを再発見したのである。これは、「エスタブリッシュメントの感覚」（『保守とはなにか』）を備えた江藤淳への、真宗坊主崩れの倅・西部邁の屈折した対抗意識とは別に言えることだ。

時代は今や、「無愛想な散文」の健全性に対する堪え性を失い、村上春樹に典型的な、非「歴史物語」の愉楽に、全会一致で靡いているかに見える。福澤諭吉の「痩我慢」も、中江兆民の「境界線を歩こうとした意志の強さ」（『中江兆民』）も、現代人には求むべくもない。西部の周りにも、夜の饗宴の華やかさとは裏腹な、空無感が漂い始めていた。

だからこそ彼は、苛立ちを募らせた。筆者は目撃している。酒場での長広舌の末に、話が一向にかみ合わず、若い編集者や物書きに、酔いに紛れて「うるせえ！」を連発し、怒鳴り散らす西部邁の孤独な姿を。当人は感情ではなく、論理的な怒りだと言うのであるが。

だが、福澤諭吉の「報国心」を称揚し、中江兆民に関する「百年の誤解」に対してもの申した西部も、「孤独の影」ならぬ「死の影」に身動きならず包囲されては、もはやお手上げである。西部邁の「生ける文体」は、無惨にもこの時、「死」に侵食されつつあった。

二十世紀末の『福澤諭吉』から『中江兆民』までには、十四年が経過している。この間西部は、六〇年安保全学連委員長で同郷の唐牛健太郎を始め何人かの友人を失い、妻の発癌に立ち会っている。それればかりではなく、彼自身が数々の病魔に侵され、書き言葉の文体を放棄して、口述筆記を余儀なくされていたのだ。西部を取り巻く憂色は、幾重にも濃かった。

かつて、次々に浮かび上がる諭吉論の構想を、家のあちこちにメモ書きにして貼り付け、起筆の際には章立てまで整うという述作への集中も、肉体的に不可能になっていた。「批評家が存分に論じることのできる対象は、『平凡の非凡』つまり『良識の偉大』を強く表している人物とその作品に限られる」(『中江兆民』)、と西部邁は語った。虚無主義(ニヒリズム)の超克とは、天才を忌避した俗人批評家・西部自身の生涯の「夢」であったのか。早いものであの衝撃の死から間もなく丸二年、時代は平成から令和へと推移した。

# 第Ⅲ部 「天皇」と「大衆」への距離

デモに参加する西部。右の長身の学生は清水丈夫（一九五九年）

## 1

平成の世は、天皇の生前退位という前例のない事態によって終わりを告げた。それにしても、元号というのは厄介なものだ。曲がりなりにも、西暦と元号がリンクしていたのは、昭和の時代まではないか。筆者は自分の子供の生年さえ、元号では記憶していない。平成の時代感覚も、オウム真理教による地下鉄サリン事件（一九九五年）と東日本大震災（二〇一一年）だけが突出していて、全体に茫漠としている。

だがしかし、戦争のなかった平成の三十年は、どこか陰惨な印象を拭えない。それは、かつてなかったいくつかの暴力犯罪の救いなさと無関係ではない。経済の失速で、日本の国際的地位も低下し、また俗化の一途をたどる皇室問題でも、女性天皇論議がうやむやのうちに代替わりがあったものの、天皇制に関する本質的な議論は立ち起こらなかった。

平成の世全体への西部の不満は後述するが、この問題に関して言うと、彼は限りなくクールな「天皇制」支持者だった。天皇抜きの日本人、日本民族の姿など想像すべくもないというが、「君が代」を斉唱したことは生涯十数回、「日の丸」を祭日に掲揚したのはほんの一、二回（『ファシスタたらんとした者』）という西部邁の「天皇」への距離である。

死の前年に刊行された、半自伝的な前掲書の「結語に代えて―（1）天皇論」で、西部は「過去形としての『平成』」というサブタイトルのもとに、ポスト昭和の時代を振り返って次のように語っている。

「今や過去形に括られつつある平成の御代が（構造『改革』と称される）日本的社会の構造『改革』に狂奔した三十年（ばかり）であった」と。ただそれは、天皇自身には、何の関係もないことだ。西部邁は「天皇」個人には、全くと言っていいほど関心を示さない。それでもなお、彼は「平成の御代」という日本固有の時間軸を手放さない。

改めて言うと、生前退位問題や女帝および女系天皇の是非について、さらには摂政をおくこととの当否について、「世人ごときは過剰な発言を差し控えるべきだ」（同前）というのが、西部の天皇問題への構えである。皇室ならびに天皇個人の具体的な立ち居振舞いに、国民は極力関与すべきではないというのである。ただ、皇位継承問題で大事なのは、天皇の血統であるよりも、皇室の連続性だという西部は、女帝容認論者だった。

昭和天皇の戦争責任問題に関しても、西部は「国内法的にも国際法的にも天皇に責任なし」（『国民の道徳』）と述べるにとどまっている。ただし彼は、敗戦時に天皇は退位すべきであったというのが持論（「政治的責任」を取ってというのではなく）で、それによっても、ファナティックな天皇主義者などではなかったことが確かめられよう。

西部の天皇論の特徴は、それを人間論と切り離せない社会論の総括と自ら位置づけていたことだ。であればこそ彼は、「天皇制」への解釈論を行う自身を、あえてレヴィ＝ストロース流の「構造主義者」であると、先の「結語に代えて」で宣言している。あらかじめそこに、ナショナリスト特有の感情論が入り込む余地はなかったのである。

第Ⅱ部「反時代的『保守』への道」で述べたように、西部は福澤諭吉や中江兆民に即して、二つの世界に相渉る（あいわた）「境界人（マージナル・マン）」というところに、彼らの思想的な可能性を見定めていた。そして、西部の構造論的な解釈法に従うなら、日本の「天皇」とは、「聖と俗」の境界線上にいる特異なる「境界人」だったのである。

つまり「象徴天皇制」は、ＧＨＱの肝いりで戦後にスタートした制度などではない。「世俗と超越のあいだの境界線にある半神半人の歴史的虚構」（『ファシスタたらんとした者』「結語に代えて」）である天皇は、それ以前から「象徴」的な役割を果たしてきたことになるのだ。

重要なのは、西部邁がそれを、「いやおうなしにつくり出した虚構」（「天皇制について語るなら」、『幻像の保守へ』所収）と捉えていたことだ。

「いやおうなしに」とは、「日本人自身の抱えた矛盾の結節点」（同前）としてという意味でだ。西部は直接述べてはいないが、明治維新の前夜、大政奉還（一八六七年）の直後に下級の公家・武士連合にすぎなかった維新勢力は、歴史的「矛盾の結節点」として天皇を召喚し、「王政復古」を内外に宣言するしかなかったのである。

ところで、「天皇制」という言葉は、モスクワに本部を置くコミンテルン（共産主義インターナショナル）が、一九三〇年代に資本主義とともに日本における革命のターゲットとして掲げたもので、それ以前にこの言葉は歴史的に存在しなかった。政治制度としての「天皇制」打倒は、日本共産党に発せられたモスクワからの指令だったのである。

西部邁はそれを廃語にすべきだとは言わずに、コミンテルンによって意味付与された「政治制度」ではなく、「聖と俗の両義性」を有した「観念制度」として捉え返している（「結語に代えて」）。

さらに踏み込んで、西部はそれがルソーの言う「一般意志」（国家・共同体の成員が総体として共有するとされる）の日本的形態、すなわち「天皇という国民の観念制度」だと解釈する。その本質は、優れて宗教的な祭祀王（プリースト・キング）ということになるのだ。

西部邁は、おそらく十分に知悉していただろう。そうした「半聖半俗」、あるいは「半神半人」の歴史的・文化的フィクションとしての天皇が、両者の危うい均衡の上に立つ「境界人」であることを。

『国民の道徳』(二〇〇〇年)では、より明快に天皇が国民統合のではなく、「国家(国民とその政府)の象徴」であり、「その象徴の基礎は国民の聖俗意識にこそある」と語られている。因みにこの本は、「新しい歴史教科書をつくる会」編で、この時点で西部は伊藤隆(日本近代史)、坂本多加雄(日本政治思想史)、藤岡信勝(教育学)らとともに、この会の理事を務めていた(後に脱会)。またこの翌年には、『新しい公民教科書 市販本』(扶桑社)を、代表執筆してもいる。当時の会長は西尾幹二(評論家、ドイツ文学者)で、彼は『国民の道徳』の姉妹編『国民の歴史』を先行上梓している。

もう一点、『国民の道徳』で見逃せないのは、天皇が「日本国家の象徴」という意味で、日本の「中心」に存在しているばかりでなく、同時に日本のいわば「国境」にいて、「日本を諸外国へ向けて象徴している」と明言していることである。西部邁は事実上天皇を、「国家元首」(『無念の戦後史』では「文化的元首」)と認定していたのであった。

そこまでは論理的に納得できる。筆者の最大の疑問は、この延長で西部邁が、靖国問題に駒を進めていることである。「靖国神社に参るのは道徳的義務」と彼は躊躇なく語る。だが靖国神社は日本国内にあって、天皇が行けない唯一の場所であるのだ。「結語に代えて」では、「天皇・皇室の靖国参拝がなされなくなったのは」「日本国家の歴史的連続性を文化的に担保するという観点からみて、由々しきことである」と語っている。

昭和天皇の時代に遡ると、少なくとも一九七八年のA級戦犯合祀以前、皇居と目と鼻の先にある靖国神社は、政治問題になるような危機的な場所などではなかった。因みに天皇の靖国参拝は、一九七五年が最後だ。A級戦犯合祀を強行したのは、当時の松平永芳宮司（父親は終戦時の宮内大臣・松平慶民）である。昭和天皇は、薨去の前年の一九八八年、合祀を念頭に「あれ以来参拝していない。それが私の心だ」[注1]という決定的な言葉を残している。これが、平成以降の天皇をも拘束する発言であることに疑問の余地はない。

西部自身は靖国参拝の経験を、三、四回程度と告白するが、天皇が中国や韓国からのクレームを無視して靖国参拝を強行するなら、それは祭祀王にあるまじき政治的行為となり、日本の「国益」を著しく失うことは間違いない。それについて、西部は答えていない。

ところで、平成時代の終焉に際して私たちが確認しておくべきことがある。平成天皇が、昭和天皇の果たし得なかったことを、皇太子時代に、そして平成の世になってからも実行しているという歴史的な事実だ。それは言うまでもなく、沖縄訪問である。初訪問は、皇太子時代の一九七五年、国際海洋博に際してであった。

このとき、昭和天皇の名代として、本土復帰三年目の沖縄の地を踏んだ皇太子夫妻は、糸満市のひめゆりの塔参拝中に地元の過激派青年から火炎瓶を投げつけられている。

その後、病床にあった昭和天皇は、一九八七年、本土復帰十五年を迎えた沖縄での海邦国体に足を運ぶことができず皇太子が摩文仁の丘で「お言葉」を代読、訪沖の悲願を果たせぬまま翌々年に逝った。同じく国体開催のこの年に、基地の村にある沖縄県立読谷(よみたん)高校の卒業式では、日の丸旗が女子高校生によって掲揚台から持ち去られ、泥水につけられるという事件が起きた。

秋の海邦国体ソフトボール競技会場では、今度は同じ読谷村のスーパーマーケット経営者・知花(ちばな)昌一(後の同村村議会議員)が、バックスクリーンに掲揚された日の丸旗を百円ライターで焼き棄てるという事件が生起している。

戦時期、チビチリガマ(自然壕)で、八十四名の集団自決者を出したこの基地の村をめぐる記録映画『ゆんたんざ沖縄』(西山正啓監督)の取材で、筆者は偶々ふたつの「事件」現場に遭遇、大きな衝撃を受けた(拙著『旗焼く島(ムラ)の物語—沖縄・読谷村のフォークロア』参照)。

敗戦時に、沖縄本島を含む琉球諸島の長期軍事占領を「希望」し、占領軍司令部にそれを伝えたのは、昭和天皇その人である。[注2] 死の床に臥してなお、沖縄についての気掛かりを口にしたのは、そうした過去を踏まえての無念の思いからだろう。

余談になるが一九八八年三月、東大教授を辞任した西部邁が、東大本郷キャンパスで蓮實重彦（同大教養学部の教授、後の東大総長）と公開対談した際に、筆者は帰りがけに先の拙著を直接西部に手渡した。読まれた形跡はなく、後日、新宿の文壇バーの片隅に虚しく転がっていたのを発見し、憮然とした記憶がある。くすぶりの残った筆者は数年後、西部の主宰する雑誌『発言者』に、「新しい沖縄よ、目ざめよ！」なる一文を寄稿、それを読んでくれた長女の西部智子さんが、読谷村に旅行したと聞いて溜飲を下げた。

「天皇をどう把握するかは保守思想の試金石」（『保守思想のための39章』）。そう語る西部邁の天皇論は、改めて言うと徹底した制度論であり、その構造的解釈論に尽きていた。そこに、靖国問題や沖縄問題が具体的に介在する余地はなかったのである。

逆に言うと、それが凡百の日本的ナショナリストと西部邁の違いなのであった。誤解の向きもあるようだが、彼はどこまでも西欧的「保守主義者」なのである。『フランス革命の省察』の著者エドマンド・バークの衣鉢（いはつ）を継ぐ、保守本流意識こそ、左翼過激派に加担した前歴のある彼の〝自己処罰〟にも似た、思想的再生のための自己否定的な縛りだったのだ。西部はこう語るだろう。

「言論は自己肯定と自己否定のあいだの弁証法にほかならない」（『大衆の病理—袋小路に

たちすくむ戦後日本』）と。「天皇」の対極に位置する「大衆」への西部邁の不信は、想像以上に根深かった。その根拠とは、何だったのか。

　それは彼が、「自分を疑おうとしないで自己肯定のためにのみ言論をはく。あるいはその反動で自己否定のためにのみ言論をはく」「大衆人の平衡を失した状態」（同前）を、否定態として捉えるのでなければ、知識人の存在理由などあり得ないと確信していたからだ。

　しかもそこには、大衆人としての自己像が重なっていた。終戦間もない頃、西部少年は天皇を「天チャン」呼ばわりして、父親に不遜だと殴り飛ばされたことがあった。大衆の病理を診断する大人・西部邁は、自身を自己否定的に、「健康な病人」（『立ち腐れる日本』）と呼ぶことをためらわなかった。不健康な「大衆人」に抗する、知識人の精確な自己認識である。

注1　元宮内庁長官・富田朝彦（一九二〇～二〇〇三）が綴っていたとされるメモの記述。『日本経済新聞』が二〇〇六年に報じ反響を呼んだ
注2　連合国軍の統治下にあった一九四七（昭和二十二）年九月十九日、昭和天皇は沖縄の占領継続を希望する見解を、側近を通じて米国に伝えたとされる。『昭和天皇実録』は米側史

料を引用して、この日の出来事を記している

## 2

一九八〇年代前半に、思想家として頭角を現した西部邁の真価は、それまでタブー視されてきた、大衆および大衆社会批判にあった。

西部の登場まで、日本に大衆社会論がなかったわけではない。最もよく知られたものとしては、丸山眞男学派の政治学者・松下圭一による「大衆国家の成立とその問題性」(一九五六年)がある。

この論文は、高度経済成長期以前に、資本主義経済の進展に伴い、世俗化された「市民」が「大衆」に姿を変え、新たに「大衆国家」の出現を促すという論旨の画期的なもの。ただしそこには、「大衆」を「市民」の変態として定義する視座はあっても、西部のように、それが伝統社会にもたらす害悪の根源をつきとめ、精緻に分析する徹底性に欠けていた。

松下論文からおよそ三十年後の日本社会の変容は、激しいまでに著しく、日本の大衆はその間、成熟したというより増長したと言った方が適切であった。西部は舌鋒鋭くそ

の弊害をえぐり出す。

一九八六年、テレビ初登場となったＮＨＫ教育ＴＶ「市民大学」のテクスト、『大衆の病理—袋小路にたちすくむ戦後日本』では、「市民」ではなく「国民という名の大衆」が焦点化される。

西部によれば、「群衆」(crowd)や「市民」(citizen)、「庶民」(common people)とも区別される「大衆」とは、それらが均質化し、標準化し、平均化した性向によって特徴づけられる。「その意味で、大衆というのは人々(people)にかぶせられるひとつの仮面であるといえる」(『大衆の病理』)。松下圭一のような政治学者に欠けているのは、こうした虚構性の本質に迫る想像力と繊細な言葉のセンスなのだ。

ところで、「身分制の崩壊と近代的大衆の出現とが表裏をなしていた」(同)として、近代の趨勢とはそのフィクショナルな仮面が、「顔から次第に離れがたくなってきている」(同)ことだと西部は喝破する。そこから、社会の全面を被う勢力となった大衆を、「大衆人」(mass-man)として具体的に論ずべき必然が生まれてくる。西部はそのように、否定的対象として、「大衆人」へのアプローチを開始する。

否定的と言うのは、物質的幸福を飽くことなく追求する「快楽主義」と、民主化の達成として、社会的な「平等主義」に偏向する大衆人が、「一種の近代的イデオロギー」

を懐疑する知性を致命的に欠いているからである。したがって、西部の大衆論は、あらかじめその出現とその威力を、根底的に「懐疑することから出発する」ものとなるだろう。

またそれに伴い、それまで「打ち棄てられたままでいる」大衆論は、勢い、それを黙認してきた「言論批判あるいは知識人批判」から始められることになる。ところで、大衆論を引っさげての西部邁の論壇への登場の背景には、バブル景気に向かう日本の八〇年代の上昇気流があった。西部の言う「高度大衆社会」は、ここで大きな潮目の変化を経験していたのである。

論壇、アカデミズムにあっては、西部の孤軍奮闘の感が強かったが、大衆社会論は思わぬところで活況を呈していた。バブル経済を下支えした、広告代理店の研究機関がその中心であった。先の潮目の変化に言葉を与え、それを格好の商機と結びつけようと市場を窺っていたのである。「大衆」概念に代わる、「分衆」や「少衆」といったニュー・コンセプトが、この時代の表層に浮上してくる。

具体的には博報堂生活総合研究所による『「分衆」の誕生』であり、電通PR局長・藤岡和賀夫による「少衆」論、『さよなら、大衆。』などの著作が、八〇年代半ばに相次いで刊行された。これらは総じて、マーケティングのノウハウとして、従来の大衆概念ではユーザーを捉えることは難しく、より微細に分節化した「分衆」や「少衆」といったコンセプトによって、古びた概念を裁ち直す必要に迫られた時代認識の産物である。意外にも西部邁は、この肯定的な大衆分化論に反応している。

「事実としてはほとんど均質でありながら、互いのあいだの微小な差異について過敏であり、その差異を解消するように努めながら、なおも残る差異についてますます神経を尖らせるのである。その意味で、いわゆる差異化現象をうみだしている「少衆」とか「分衆」こそ、大衆の振舞いをよくなぞっているとみなすことができる」（『大衆の病理』）

ただ見逃してならないのは、西部邁の大衆社会論には、第Ｉ部「予告された死の真相」でも触れた資本主義批判の要素が仕込まれていたことである。これは、従来の保守派の論客には全くない視点で、資本主義経済の鬼っ子としてのバブル景気と連動した広告代理店のマーケティング戦略に、西部が同調したわけではない。

だがそれにしても、大衆社会批判、資本主義批判という、従来の保守派にとってのタブーに敢えて挑戦する西部の論法と語り口は、当初から学者離れし、アグレッシブそのものであった。それと対照的なのは、八〇年代半ばから、資本主義批判の観点を脱落させ、バブリーなサブカルチャーと戯れ始めた吉本隆明である。

還暦を過ぎて、コム・デ・ギャルソンのファッションショーから、忌野清志郎のコンサートまで、不似合いな追っかけを始めた吉本は、ディスコのお立ち台で黙々と四股を踏む古参力士のようなちぐはぐさを露呈、九〇年代に至ると、日本資本主義の高度な達成をあられもなく肯定する言説が目立つようになる。

一九六〇年代後半から、日本の戦後社会は高度大衆社会へと変容を見せる。そこで、吉本の担保した自身の生活圏から逸脱しない「大衆の原像」というビジョンは、拡散を余儀なくされ、吉本は思想的な迷走を開始するのだ。

西部邁にとって、高度大衆社会への埋没の歯止めとなったのは、スペインの哲学者・オルテガのいわゆる「一緒に独りで」(Together and Alone) の精神だった。どうやらそれは、占領下の日本で、「単独にして吃音のインティファーダ(抵抗運動)」を演じた少年期に養われた資質だったらしい。

「それが少年の生き方の基調となってしまった。だから彼は誰とも馴染むことができなかった。他人から嫌われるということはめったになかったものの、少年のほうが『手を差し延べるに値する相手がいない』と思ったのである。連帯したいのに連帯できない、それはやはり不快な日々ではあった」(『ファシスタたらんとした者』)

西部邁の大衆(社会)批判は、真っ直ぐにこの少年期の孤独と孤立から導かれたものらしく思われる。そこには、西部独自の資質、強烈な個性も与かってはいただろう。だがそれだけでは説明できない。戦後教育の第一期生だった西部は、言い換えると民主主義教育の第一期生で、しかもその新体制への不適応者であり、不調者だったのだ。

筆者は同時代の少年の極端な典型を、戦争で親を亡くした戦争孤児たちに見る。西部邁にまといついた孤影は、さらに抽象的な孤児性というものに遠因していたのではあるまいか。

ところで、この国の敗戦直後の孤児たちにとっての最大のスターは、言うまでもなく美空ひばり（西部より一二歳年上）だった。『角兵衛獅子の唄』も『東京キッド』も『私は街の子』も、ひばりの初期のヒット曲は、「みなし児」たちへの讃歌だった。西部邁のカラオケのレパートリーには、三橋美智也とともに美空ひばりの歌が含まれていて、ファルセットまで巧みにこなした。

彼にこびりつく孤影にこだわれば、「みなし児」というあり方は、戦争孤児に限らず、人間存在の普遍性に繋がる何かだった。二〇世紀最大の哲学者マルティン・ハイデガー（一八八九～一九七六）は、人間の実存の基底に、世界に独り投げ出されてあること、打ち棄てられてある状態を見た。これが、生まれ育ちとは直接関係のない、人間存在の起源に隠された「孤児性」である。西部邁の大衆（社会）批判とは、「一緒に独りで」を標榜する、本質的な「みなし児」の思想的な格闘だったのである。

何よりも彼が危惧したのは、「民主主義の過剰」（『大衆の病理』）ということだった。「民主とは国民主権あるいは主権在民のこと」（同）だが、その「主権」とは「無制限の権力」を意味する以上、「多数者の専制」（トックヴィル）の危機は常態化している。

西部がデモクラティズムと敢えて呼ぶ民主主義は、「民衆の資質が無条件に上等なものであり、かつ互いに平等であるとみなすやり方」（『大衆の病理』）のことで、それこそが、「大衆政治のイデオロギー」だと彼は力説する。

そこでそれが、「衆愚政治」に陥らないためには、民衆の資質を不断に問い質す営みがなければならない。しかし、西部の言う「大衆人」とは、そうした懐疑精神と無縁な人々のことだったのだ。この発見は、疎外された孤児の現代批判のマニフェストに等しい。

「大衆人の見本は専門人である」とは、オルテガの言葉（『大衆の反逆』）である。西部はそこから、「専門人が社会のあらゆる部署の権力を掌握した事態」（『保守思想のための39章』）を、「高度大衆社会」と定義する。こうして彼は、経済学者という専門人を完全に離脱し、他分野の「知」の総合化を日々実践するジェネラリストに変態をとげる。

だが皮肉なことに、八〇年代後半からこの国のメディアは、今日の反知性主義にも繋がる弱体化の様相を急速に帯びてくる。西部邁は論壇デビュー当初、主に『中央公論』

を拠り所に脱経済学の方向を模索した。『経済倫理学序説』（吉野作造賞）は、一九八三年の同社刊で、脱経済学の最初の成果だったろう。

保守系の雑誌では、『諸君！』が西部を支え、『大衆への反逆』（八三年）、『幻像の保守へ』（八五年）、『六〇年安保―センチメンタル・ジャーニー』（八六年）を、続々文藝春秋から刊行する。だが、西欧知識人を論じた名著『思想の英雄たち―保守の源流をたずねて』（九六年）あたりを最後に、西部の言説は初期の強度を減退させてゆく。メディアは西部邁といえども、本格的な思想論文を敬して遠ざけるようになってきたのだ。活字媒体総ぐるみの悪しき大衆化である。

そこで彼は、自前の雑誌『発言者』を創刊（九四年）する。この雑誌は硬派の論壇誌というより、スピークアウト・マガジンと銘打つように、「状況論」主体のポレミック（論争基調）な保守系商業誌の性格をもっていた。

西部邁の大衆社会論は、その後もテレビ媒体に移行して継続されることになる。だが、「打ち棄てられたままでいる」大衆論を、八〇年代に西部邁が単独で切り開いたことの意義に照明を当てた者はごく希で、西部邁は孤立せずとも無援の論客になりつつあった。

さてここで、あの世からの西部邁の罵声を覚悟で、その大衆論の死角を指摘しておこう。プロレタリアートという仮象の対極に、「大衆という現象」を見いだした『ドイツ・イデオロギー』(花崎皋平訳を参照)のマルクスのことだ。生産諸力の発展とともに、人間の普遍的交通(世界交通)が確立されると、無所有の「大衆という現象」を、あらゆる民族のうちに同時に生み出す。これが世界史的に画期的な、「局地的諸個人」に代わる「普遍的な諸個人」の出現であるとマルクスは語る。西部邁が批判したのは、それからちょうど百二十年後の、飽食の世にはびこる豊かさに包まれた「大衆という現象」だった。

3

西部邁の最初の本格的な大衆社会論は、一九八二年の「〃高度大衆社会〃批判—オルテガとの対話」(『大衆への反逆』所収)である。

その冒頭で彼は、「ルソーの『社会契約論』が一八世紀を代表し、マルクスの『資本論』が一九世紀を象徴するように、オルテガの『大衆の反逆』は二〇世紀を表現している」という、オルテガ評を引いている。

西部邁に決定的な影響を与えたスペインの哲学者、ホセ・オルテガ・イ・ガセット

（一八八三〜一九五五）の『大衆の反逆』は、両大戦間の一九二九年に刊行されている。そこに、「高度大衆社会」という用語はない。つまりこれは、西部邁による造語である（「大衆消費社会」や「高度大衆消費社会」という用語はあった）。オルテガに即して、西部はこう語る。

「この社会階級でも政治的階級でもない階級、彼の表現によれば人間階級としての貴族をほうむり去った後に、戦後、高度大衆社会がとりわけ我が国において開花したのではないだろうか」（「〝高度大衆社会〟批判」）

　そして西部の認識によれば、「大衆の精神に対置されるべきものとしての『貴族の精神』はけっして高尚でも気取りでもない。それは、真の知識人と真の庶民の共同体というユートピアにおいて展望されるものといえる」（『大衆の病理―袋小路にたちすくむ戦後日本』「はじめに」）となる。そこで彼は、「私の大衆論が語りかける相手は大衆ではなく庶民である」とも述べている。

　その象徴であり代表が、生前、編集者以前に常に彼の第一読者だった妻・満智子であり、その死後には父の口述筆記を引き受けた長女・智子である。ところで、西部邁の大衆社会批判を通じての保守思想は、自らも認めるように、現状の社会にあっては、ある種の「ユートピア」思想としてしか実現しようがなかった。

その根拠とは、元々「大衆社会」の指標である「産業化」と「民主化」という表の価値の裏側にあったはずの自己懐疑の精神が、ヨーロッパからアメリカに移植されるや剥離され、次いで戦後日本に流入するに及んで、価値の二重構造が一面化することになったからだ。その結果、「物質的幸福と社会的な平等の終わりなき増進」(「〝高度大衆社会〟批判」)によって、自己懐疑の精神の底が抜ける。

そして今や、技術信仰の空虚さによって、「眠れぬ白夜に彷徨する神経症者」の群れのように、この国はおよそ保守の精神にはほど遠い「歴史の白夜」を迎えつつある。これが、一九八〇年代初頭の西部邁の状況認識であった。

その後彼は、東大教授辞任騒動や、「朝まで生テレビ!」への出演などにより、社会的著名人になった。しかし、時勢はますます西部邁に与せず、癌で妻を失い自らも数々の病魔に侵されるに至り、長年飼い慣らしてきた「死の欲動」(フロイト)に屈服、絶望の果てに死に急ぐことになるのだ。

誰が西部邁を殺したのか。この問いに筆者は、躊躇なくこの国の「大衆人」が、と答えるだろう。小心で臆病で見栄っ張りで、集団になると嵩(かさ)にかかって居丈高になる、「庶民」の風上にも置けない「JAP.COM」(西部の遺作『保守の遺言』のサブタイトル)の「大衆人」である。かく言う筆者も、死の十年ほど前に、西部邁の「保守思想」への根源的違和から、後ろ足で砂をかけるように、雑誌『表現者』の編集委員を降板した非道の輩である。

「〝高度大衆社会〟批判」に戻ろう。この論文で西部は、他では語らなかった重大なことを述べている。それは、「大衆とはブルジョアのことであった」という、聞き捨てならないひと言である。

「実利性にたいする興味の肥大、真実にたいする関心の縮小、これが産業主義の自由（市場における自由）と民主主義の自由（投票における自由）を特徴づけている。そこで追い求められているのは物質的安楽であり、もしそれをブルジョア的と呼ぶとすれば、今世紀は、大方の見方に反して、ブルジョア精神の完成期といえよう。つまり大衆とはブルジョアのことであったのだ」（「〝高度大衆社会〟批判」）

西部邁が「ブルジョア」という階級史観の用語を使用するのは、極めて珍しい。まずそのことを確認しよう。ここで西部が、二〇世紀を「ブルジョア精神の完成期」と捉えた上で、少なくともその世紀末、とりわけこの日本において、爛熟と頽廃の季節を迎えたことをネガティブに捉えていたのは間違いない。その「ブルジョア精神」の頽廃がもたらしたものこそ、「高度大衆社会」の実相である。

歴史を遡ると、ブルジョア階級が支配階級として世界史に浮上してきたのは、一七八九年のフランス革命によってである。戦前の日本では、明治維新の歴史的評価をめぐって、来たるべき革命がまずはブルジョア革命であり、しかる後にプロレタリア革命を目指すべきだという二段階革命論と、直接プロレタリア革命を指向する路線論争が、「講座派」(『日本資本主義発達史講座』を編集、執筆した野呂榮太郎、山田盛太郎ら経済学者が中心)と「労農派」(雑誌『労農』に依った山川均、大内兵衛らが中心)の左翼二大勢力の間で起こった。

ヨーロッパに目を転ずると、ブルジョアジーがフランス革命以前に世界史に浮上するのは、一六世紀のことである。この段階でプロレタリア階級など存在すべくもない。近代以前の初期コミュニズムの主体は、農民だったのである。彼らが対峙したのは、封建領主を淘汰したヨーロッパの王権であった。

ところが、蜂起した農民に勝利したのは、王権ではなかった。財政的に危機的な状態にあった王国は、その経済基盤を新興ブルジョアジーに乗っ取られ、彼らの庇護の元で絶対王制として延命したのである。こうして、端緒についた農民革命は、新大陸の発見を契機に急速に台頭した大航海時代のスポンサー西欧ブルジョアジー(「商業資本」)によって、流産することになったのである(関曠野『資本主義—その過去・現在・未来』参照)。

フランス革命以前に、新大陸発見による棚ぼた資本主義をリードした「ブルジョア精神」は、近代市民社会の勃興を促し、二〇世紀に至ると成熟期を迎え、やがて爛熟、頽廃を世紀末日本において体現するという次第である。西部邁の「高度大衆社会」への懐疑に始まる反時代的保守思想は、だから左翼とは逆のベクトルで、大衆＝ブルジョア批判として実践されていたのだった。

『大衆への反逆』が上梓された一九八三年、巷ではサントリー生樽のCM、「いかにも一般大衆が喜びそうなアイデアですね」というレオナルド熊（コメディアン）の台詞が流行した。仕掛け人は当時、一世を風靡したCMディレクター川崎徹である。それが笑いを誘ったのは、「一般大衆」という言葉自体のレトロ感にあった。

つまり、「一般大衆」のカウンターパートに位置すべき、「知識人」なり「進歩的文化人」の社会的ステータスが地に落ち、知のヒエラルキーが崩壊した時代にあって、ニッカボッカーズを穿いて工事現場から駆けつけたような風体でおなじみのレオナルド熊が、見下したように「いかにも一般大衆が」という物言いが、無階級社会の実情を反映して「あり」だと思わせる発見、これがいかにも八〇年代風だったのである。

この時代のCM業界を牽引したもう一人は、「不思議、大好き。」で知られるコピーライター糸井重里である。オピニオン・リーダーの不在をついて、守旧派知識人の肩代わりをし始めた彼は、次の戦争は国と国とではなく、大人と子供の戦争だなどという予言までした。これは典型的に八〇年代的「大衆人」の発想で、プチ・ブルジョア精神の頽廃を物語って余りある。もとより糸井は、「子供」の側に立ってこう述べていたのだ。文化史的に言うと、これはペドクラシー、つまり大人（への成熟）を拒否するペド（＝ガキ）帝国主義のいかにも凡庸な発想にすぎない。バブルの泡と消えた西武パルコ文化とは、その程度のものだったのである。

西部邁はこの無階級社会の主役である洗練を欠いた「大衆人」の無恥が、完成期を過ぎた「ブルジョア精神」の頽廃と連動していたことを、精確に見抜いていた。改めて想起しよう。「私の大衆論が語りかける相手は大衆ではなく庶民である」という、西部の言葉の含蓄を。その健全であるべき「庶民」は、高度成長後の八〇年代、雪崩を打って「大衆（人）」に転落しつつあった。

その頃、著名人になった西部邁は、保守派の論客として、左翼過激派から放火予告の脅迫（天皇制問題での発言絡みで）を受けていた。安保全学連の指導部だった前歴もあって、彼は警察に通報という手段をとるのを潔しとせず、怯える家族に困り果てていた。救済の手を差し伸べたのは、親交のあった政治家で元警視総監の秦野章である。

秦野への追悼文「勇者は滅びぬ」（『サンチョ・キホーテの旅』所収）によれば、彼はOBの顔を活かして警視庁に連絡、夜間、一時間に一度の割で東村山市恩多町の西部邸（当う。

時）周辺をパトロールするように手配、それを機に「彼ら」が近づく気配が消えたとい

　この一件で筆者は、西部がどこにも書いていない（書けない）あるエピソードを本人から聞いている。問題解決のために彼は、安保全学連の書記長で、後に中核派の最高指導者となった旧友・清水丈夫にコンタクトするため、直接同派の拠点・前進社に電話したというのだ。後日、代理人から清水が健在である限り、西部邁および家族への脅迫やテロはあり得ないとの返答があったという。さて、秦野カードが効いたのか、もしくは清水カードにより「彼ら」の影が消えたのか。筆者には判断がつかない。

　西部邁と清水丈夫は、かつて「お前ら精神的ホモ・セクシャルかと周囲からいわれた」（『六〇年安保―センチメンタル・ジャーニー』）ほどの仲だった。安保ブント（共産主義者同盟）解体の時、西部は二歳年上の清水に、政治的に延命するなら革共同（革命的共産主義者同盟）に加わるしかないと伝えている。革共同は後に革マル派と中核派に分裂、清水は後者の議長になり、庶民でも大衆でもない職業革命家の道を歩む。先の発言を行った頃、西部は戦線離脱し、学者への道を選択する瀬戸際にいた。だから、革共同への乗り換えを示唆したのは、「友への最後の激励」（「戦線逃亡の顛末」、『サンチョ・キホーテの旅』所収）のつもりだったという。

ところで、例の脅迫事件の際に「庶民」西部満智子は、突拍子もない行動に出ている。亭主に内緒で警察に相談の電話を入れ、あろうことか「散弾銃を手に入れるにはどうしたらよいか」と質問、「半年間の訓練期間が必要」と聞いて、「今必要なんだ、姿のはっきりしない敵には散弾銃が有効なんだ」と抗議したというのである。大変な「庶民」があったものだ。西部邁はこうした妻の行動を、愛情を込めて「上品な乱暴」と評している（『妻と僕―寓話と化す我らの死』参照）。

ある懐かしさをこめて、筆者は非行少年西部の生涯の冒険を支え続けた妻・満智子の颯爽たる「乱暴」に拍手を送りたい。保守思想家である以前に、西部邁は「日本」を愛すために日本の大衆を憎んだのだ。その心を西部邁の生涯の第一読者・満智子は、語らずとも承知しつくしていただろう。たかだか戦後の経済的な成功によって、自民族中心主義（エスノセントリズム）に傾き、大衆人の鼻持ちならぬ自己中心主義（エゴセントリズム）に拍車がかかるこの世に、ともかく二人の名非行・乱暴コンビは、目出度くおさらばできたのである。

## 4

保守思想と切り離せない「伝統」について語る際に、西部邁は古事記、万葉いらいの日本文化の水脈をたどろうとはしない。西欧派に相応しく、例えば『正統とは何か』のG・K・チェスタトン（イギリスの作家・批評家、一八七四〜一九三六）の文脈に即して、伝統と民主主義の関係について語るのである。「保守の情熱―G・K・チェスタトン論」（『ニヒリズムを超えて』所収）でのチェスタトンからの引用は、確かにインパクトがある。西部の引用は、常に批評対象の思想的エッセンスの抽出で際立っていた。

「伝統とは、あらゆる階級のうちもっとも陽の目を見ぬ階級、われらが祖先に投票権を与えることを意味するのである。死者の民主主義なのだ」

伝統は、死の偶然によって権利を奪われてはならず、あらゆる民主主義者は、単に生の偶然によって権利を奪われてはならぬとするロジックである。西部はそれを受けて、チェスタトンのように、真正の民主主義者が、同時に真正の保守主義者でもあり得たのは、「彼の構想した民主主義が〝庶民の民主主義〟であったためである」と続ける。

何故ここで、チェスタトンに即して語らねばならないかというと、日本ではすでに、「庶民の民主主義」の基盤が、「大衆人」によって侵食されつくしていたからだ。探偵小説ブラウン神父シリーズでも知られるチェスタトンは、「欧州大陸の急進主義に対峙するものとしての、英国に独特の漸進主義の流れに沿っている」（「保守の情熱」）ことを西部は確認する。

急進主義は左翼過激派の専売特許ではない。それは、戦後に拍車のかかったこの国の産業主義、民主主義の特徴だというのが、西部邁の現状認識であった。またここでの漸進主義（グラデュアリズム）は、折衷的な中道主義のことではない。「大衆人」ならぬ「庶民」とは、急進主義に対峙する伝統に根ざした漸進主義の英知を共有する人々のことだったのである。

そこで「庶民の民主主義」にあっては、「伝統を創造しそれをわれわれ生者に伝達した祖先の人々が投票権」を持たねばならない。これがチェスタトンのいう「死者の民主主義」である。「価値を破壊する価値」としての虚無主義（ニヒリズム）の超克を、西部は「庶民」不在の一九八〇年代日本で、孤軍奮闘の言葉の運動として、実践的に提示しなければならなかった。大衆の度しがたい虚無主義に対して、まず一の矢が放たれる。

「もちろんのことだが、完璧な虚無主義者というものは存在しえない。存在するとすれば、その人はもう死んでいる。なぜといって、生きるという営みのためには、どれほど微弱なものであるにしても、価値もしくは意味の摂取と排泄がなければならないからである」（同前）

ところが、これに続く一節は、死後二年近くを経過した現在読み返してみて、ただの批判的言説ではなく、どこか自死の予告めいた響きを帯びていて何やら不穏である。

「したがって虚無主義者とは、あたかも砂漠のなかに消滅しゆく水の流れのように、自己を抹殺しようという意味で、自殺志願者のことである。自殺を願いながらそれを果たせぬのは、要するに勇気がないせいであろうが、この臆病な御仁たちが心ならずも生き延びるために密かに吸収するのは、空気のように目立たない価値である。つまり、この世に流通している凡庸至極の価値ともいえぬ価値を受容しているかぎり、世間から咎められずに、虚無主義者の振りをして生きつづけることができるというわけである」（同前）

そのような、生を全面的に拒否する究極の身振りは、果敢な自己抹殺としての「自裁」以外にはない。重要なのは、このような強度で虚無主義を峻拒してみせる西部自身が、それと全く無縁な存在などではなかったという事実だ。四半世紀にわたり、「死」を飼い慣らし、自己管理してきた西部の消しがたい「死の欲動」（フロイト）は、三島由紀夫とは全く別のベクトルで、ある「美学」に昇華されていった。

西部邁は三島由紀夫に向けて、「その文学を包むふかい虚無とその生涯を彩るかなしい無残にもかかわらず、三島はなおも論じつづけるに値する存在だといえる」と語っている（「〝発熱〟くりかえす三島由紀夫論」、『ニヒリズムを超えて』所収）。

かつてその非小説作品（『太陽と鉄』を中心とした）を評して、「明晰さの欠如」と批判した西部は、ここで三島由紀夫問題へのコミットを、「表現の浮沈にかかわる」ものと認め、「もしそれを避けて通るならば虚無の泥沼へと誘われる可能性がつよい」という、踏み込んだ表現をしている。

もし西部邁の「(自裁)死の思想」を、「美学」と呼び得るとしたら、彼が絶えず「死への衝動と生からの呼びかけ」に並外れて豊かな感受性を備えた、生粋の文人であり、「死のうちでもっとも醜い死」、すなわち「生きながらの腐敗」(「世代間の関係、それが時代である」、『ニヒリズムを超えて』所収)を拒絶する精緻な文体と、その躍動によってであった。世の「臆病な御仁たち」を嘲笑うように、西部は冬の多摩川に飛び込んだ。その意味で彼の死は、三島のそれと同等の、生者への永久に「返済不可能な贈与」だったのである。

西部と三島とは、貧困を脱却し豊かさに包まれた戦後日本が、精神文化の面で、殆ど無重力状態になったことへの嫌悪と呪詛において、共通する面がある。ただ、三島由紀夫の『文化防衛論』(一九六九年)にはある盲点があった。それが「大衆(社会)論」である。

つまり、宮廷文化の精華である「みやび」に象徴される、「文化概念としての天皇」をどれほど論じようと、それを支える「大衆」が、悪しき俗人に雪崩を打って転落していたなら、その特殊日本的な文化は空洞化を免れ難いことは自明なのだ。この空洞化の補填を、どうして「文化概念としての天皇」に押しつけることなどできよう。

西部邁の保守思想にとっても、「庶民」の「大衆人」への転落は、深刻な問題だった。もしも、「天皇」の対極に位置する「庶民」が、日本文化の「伝統」を支えるに足る存在であり得たならば、彼の保守思想はより健全に機能し、少なくとも死に急ぐ必要はなかったはずだ。その限りにおいて、西部邁を殺したのは、この国の「大衆（人）」以外ではないと改めて言おう。

航空自衛隊のパイロットスーツ姿の西部邁。
体験入隊を好んだ三島由紀夫の幻像があったのだろうか

だがそれにしても、「立ち腐れる日本」および「日本人」に対する西部の舌鋒は、執拗なまでに鋭い。それが現象的に空転し始めるのが、バブル経済崩壊後の日本の九〇年代以降なのだ。『戦争論―絶対平和主義批判』（一九九一年）、『私の憲法論―日本国憲法改正試案』（同）から、『核武装論―当たり前の話をしようではないか』（二〇〇七年）へと至る西部邁の言説は、漸進主義的というよりかなりの程度で急進化しつつあった。この頃から彼は、どこで何を書こうが、何を発言しようが、自分の言説はまっとうに受け止められてはいないという寂寥感に苛まれ始めていた。「死の影」が急速に彼を捉えるのは、ここからである。

日本人はどうして、「表立っては平和主義を立派な理念として公に承認しつつも、裏がわでは、平和主義を軽々しく唱えるような人間は臆病で無責任な奴に違いないとみなす、というふうに」できないのかと西部は嘆く（「憐むべし平和的大衆」、『戦争論―暴力と道徳のあいだ』所収）。そして、欺瞞に満ちた「平和憲法」下の日本では、「踏んづけてくれ、だが命だけは助けてくれ」（O・シュペングラー）というのが、俗衆の本音だと苛立ち紛れに語る（『保守の遺言』）。

占領下の「六歳の頃から『たった一人のインティファーダ（抵抗運動）』を繰り返してきた」（同前）という彼は、「戦後の七十数年間、この列島人はアメリカに隷属し切って何の屈辱も感じていない」ことの不可解を繰り返し述べる。

そうするたびに、西部のあらゆる言説は、その表層のみが消費されるという悪循環に落ち込んでいった。彼の著書は、本屋では社会思想系の棚には一切なく、社会評論のジャンルに、しかも主著を除いて並べられているにすぎない。つまりは、時評家扱いなのである。小室直樹が、薫陶を受けた橋爪大三郎や宮台真司など一部知識人を除き、学者として社会的に殆ど認知されなかったように、西部邁は早晩、忘れられた思想家になりかねない。

筆者は例えば、次のような西部のユーモアを愛する。栗本慎一郎との対談集『立ち腐れる日本―その病毒は、どこから来たのか』での発言だ。

「私が人間に関心をもつ所以は、人間の遣う言葉の綾成す複雑さとくらべたら、他のいっさいの事柄が単純すぎるようにみえるからだ。このような見方はまさしく病気に該当するのだが、『病気』もまた言葉であり、しかも『健康』という言葉と対になっている言葉である。つまり私は自分が病気を診断している医者である、あるいは健康な病人なのである」

これは一九九一年の発言だが、持病の肋間神経痛に始まり、数々の病魔に侵されるに従い、また先に触れた彼の一切の言説に対する世間の消費スピードが増すにつれ、西部自身が堪え性を失っていったようにも思われる。

『ニヒリズムを超えて』の巻末に収録された、福田和也（文芸評論家）との対談「歴史を感受する力」でも、西部のユーモアのセンスは健在だった。因みに福田和也と西部の関係は、福田の『作家の値うち』(二〇〇〇年)の評価を契機に悪化、『論語』をめぐる連続対談(『文學界』)も完結せず、事実上訣別の状態になった。かつては『発言者』の編集委員の一人で、一九九六年には台湾独立運動にかかわっていた金美齢(現在は日本国籍取得)の招きで、西部邁とともに台北でのシンポジウムにも参加した福田だった。

「僕が保守という言葉を剥き出しに使うときには、保守を含めて思想の歴史にまあまあ通暁している人々に向かって喧嘩を売るなり、説得するなりしてるつもりなんです。と同時に、僕は案外身の回りのことを論ずるのが好きなんです。ですから、『お前は自分はいかにして保守主義者になり果てたか』という設問を受けたら、僕は半分冗談、半分本気で、それは猫やかみさんなど、身近なもののせいだ、と答えることにしている」(「歴史を感受する力」)

そして現在、日本の「大衆人」は西部家の「猫」(西部邁は自他ともに認める愛猫家だった)以下の存在になり果てようとしている。

「喧嘩を売る」ことにかけても、人を「説得」することにかけても、西部邁は異能の持ち主だった。また人を入れ込ませる名人で、言葉は悪いが「人たらし」と言いたくなるような側面さえあった。筆者を含め彼は次から次へと、人を「たらし」込み、最後は二人の自殺幇助者まで出すに至っている。そのサービス精神たるや、過剰という域に達していた。しかもそれは、物心両面にわたってのことである。
　ところが、この一方的「贈与」には、社交好きの西部の酒と談話のお相手という、義務としての「返礼」が待っていた。しかも西部の社交は、多分に一方的なところがあって、何日後のアポイントというのではなく、今日これから新宿に出て来ないかといった性急さなのだ。これにはほとほと筆者も音をあげた。こちらも、原稿その他で身動きならぬ日もある。今は懐かしく思い出すだけだが、断りをいれるとこの「健康な病人」は、何とも不機嫌そうな声で、「じゃあ」とだけ答えて電話を切るのだった。

5

　西部邁の『蜃気楼の中へ—遅ればせのアメリカ体験』（一九七九年）は、一九七七年、三十八歳の年に実現したアメリカ留学（東京大学教養学部助教授時代）、そして翌年からの英国滞在記である。ですます調で書かれたこの随筆は、「智子と一明のあの二年に」と二人の子供に捧げられており、中公文庫版の解説は長女の西部智子が書いている。西部邁生前のことだ。

「『蜃気楼の中へ』は父の外国滞在の記録であるとともに、当時の私たち家族の姿を記録した書で、私の人生にとって掛け替えのない二年間の思い出が込められている。そしてまた、二〇一四（平成二十六）年三月に母が身罷ってそろそろ一年になるが、亡き母は父の文章が大好きだった。父の書いたたくさんの書物のうちで二冊目にあたるらしいこの書は、私たち家族にとって、母の言葉を借りると『宝物』となってきたのである」（「解説　旅は面白く、かつ恐ろしい」）

何冊ものアルバムに整理された、この「面白く、かつ恐ろしい」二年間の長旅の写真からは、家庭人としての西部邁の姿が垣間見える。長女・智子が小学校二年、年子の弟・一明は一年生という微妙な時期。西部一家は、バークレイからケンブリッジに移り住んだこの二年間に、家族としてのフォームを整えたと言ってもよかった。長女は両親の双方から、「智子はアメリカ、イギリスにいるときが一番大人っぽかった」と言われたそうだ。

エドマンド・バークからレヴィ＝ストロースまで、全ての外国文献を英語および英訳で読みこなした西部は、英会話は苦手で渡米の半年ほど前から、泥縄式にラジオ講座で英会話のレッスンを始めた。カリフォルニア大学バークレイ校では、事前に英語の論文を何十部か用意していったが、さしたる反応がないと分かって、早々に慣れないプレゼンテーションを打ち切りにした。コンタクトした相手の一人からは、お前はどうしてそんなに英語が下手くそなのに、難解なことばかり書いたりしゃべったりするのかと、怪訝そうに言われた。それで西部が引きこもり生活に入ったわけではない。社交好きの彼は、アメリカ人だろうと日本人だろうとパーティー付き合いを重ね、アルコールの多量摂取による急性肝炎に罹ったほどだった。

ホスト役の妻・満智子は一向に英会話を身につける素振りもなく、専ら料理人として客あしらいに徹した。アメリカでは、子供たちの人種問題に絡むトラブルも起こるなど、西部一家にとっては、ハードな二年間の外国暮らしであった。

西部邁は同書の「文庫版（平成二十七年版）あとがき」で、留学の経緯について、彼ならではの「自解」を行っている。

「私が大学に最初に就職できたのは、近代経済学なるものにおける『数学弄り(いじ)』においてほんの少々の成果を挙げたからであった。そして私が最初に書物を上梓できたのは、その近代経済学における『個人の合理性』という大前提を社会学、文化学そして政治学の知見を参照にしながら破壊するのに、おおよそ奏功したからであった。しかし、そんなことを三十歳代にやっているうち、数理模型を組み立てたり社会哲学的な思弁を繰り広げたりしている自分はそもそも何者ぞ、『敗戦属国従属奴隷根性』で染め上げられたイエロー・ヤンキー色の日本列島に閉塞させられてきた代物にすぎないのではないか、という少年期からの疑心がむくむくと表面に迫り出してきた」

最初に妻の妊娠で棒にふった留学のチャンスが、再びめぐって来たのであった。おそらくそれは、四十歳を間近にした西部にとって、最後のチャンスでもあったろう。就学児童を伴っての渡米には、大きなリスクが伴っていたことは言うまでもない。しかし、西部の眼はこの時期、外へ向かっていたのである。アメリカ留学以前、東大助教授に就任した一九七四年には、外務省の委託事業に参加する形で、インド、アフガニスタン、トルコ、エジプト、イラク、アルジェリア、モロッコの七カ国を歴訪している。これが西部にとっての、最初の海外体験であった。

「で、いくつかの外国を回ったあとで、自分が幼いときから、『できるなら撃つべき敵方』と見定めて、その見方を一度も変えたことのない相手、つまりアメリカに暫し居留してみることにした。そうしてみた最大の理由は、イエロー・ヤンキーたちから『アメリカ知らずのアメリカ批判をするな』といわれるのを、あらかじめ封じ込めておきたい、との喧嘩気分が私にあったということである」(同前)

こうして、自身にも染み込んでいるに違いない、その「イエロー・ヤンキー色」の「自己点検」を兼ねた、アメリカ体験が始まる。中年にさしかかった西部の「蜃気楼の中へ」のこの旅は、凡庸な東大エリートのそれとは大きく趣を異にする。つまりは、西部らしい〝喧嘩腰〟のアメリカへの一家移動となったのである。西部の意識では、留学というより、国際文化会館の「社会科学フェローシップ」の援助による「海外出張」である。

ところで、この本で西部は物書きとしてあるスタイルを手に入れていた。それは、ですます調の文体のことではない。この文庫版「あとがき」で彼は、「本書のような種類をエッセイ（随筆）と呼ぶなら、自分論を含めた意味での体験論をエッセイの形で書き記す、それが以後の私の文章の、三分か四分の一の割合を占めることになった」と述べている。こんな文章に接すると、何故か彼は当時から着々と、東大教授辞任の準備をしてきたように思われてくるから不思議だ。

しかも彼は、この「エッセイ（随筆）」というジャンルを選択することによって、「私の文章の全体のみならず私の人格の総体に、何ほどかの落ち着きが得られる、という成り行きになったことは疑うべくもない」とまで語っているのだ。これは晩年にまで彼を捉えていた強い拘りだった。遺著となった『保守の遺言』で、西部邁は改めて大上段から、「予測不能な未来に向けての冒険的な突入」の決断の暫定的根拠は、「分析」ではなく「総合」の企てであることを強調、続けて次のように語る。

「小生の経験してきたところでは、この『総合』は『エッセイ』の文体をとるほかない。ただし、ここでエッセイというのは（その語源に従って）エグザミンつまり『試す』ことであり、それを『思いつくままの随筆』とみなしたのは近代日本の（翻訳文化における）大きな誤りであった」

この西部邁の試みた「試文（しぶん）」とは、彼の精神文化総体への多面的な関心と、保守思想を支える「伝統」という名の「平衡感覚」の保持に欠かせない文体の賜物、ということになるのだ。

「私はその意味でエッセイストであり、多方面への関心事を表現において『まとめる』ための文体を欲するという意味でファシスタである。それ以外になりようのない人間であったわけだ」（『保守の遺言』）

このエッセイにかける思いを、筆者は自裁の六日ほど前の新宿の酒場での最後の面談の際に直接聞いている。西部邁が肯定するか否かは別にして、彼はここで英国流ではなく、むしろ『方法序説』のデカルト以来のフランス哲学の伝統、縦書きの散文による総合的知への意志を語っているのだ。近代以降では、小林秀雄に影響を与えた詩人哲学者のポール・ヴァレリイから、『零度のエクリチュール』で、構造主義から西部の大嫌いなポスト・モダン哲学への中継をなしたロラン・バルトに繋がる系譜である。西部の文脈に即して、「試文」の意味するところをさらに解きほぐしてみよう。
「小説家・古井由吉氏に『仮往生伝試文』という作品がある。それが大いに納得できるものであるのは、筆者の場合、まずもって、その『試文』というスタイル（文体）における構え方についてである。筆者自身、自分のやってきたことのほとんどすべてが試文に属する、と自己了解できた。試文とは『エッセイ』のことであろう。我が国では、それを随筆とか小論とか呼んでいるが、その語源は『エグザミネーション』（試験）ということだ。もっと厳密にいえば、最終の解答が発見困難さらには到達不能とわきまえつつ、人間・社会とその人生・時代は何かという問題にみずからの精神をさらす『試練』の過程を叙述する文体、それがエッセイなのだと思われる」（『保守の遺言』）

長い引用になったが、声低く語られたこの言葉が、専門人（スペシャリスト）を忌避した西部邁の渾身の「遺言」であることを筆者は毫（ごう）も疑わない。指先など末端が化膿する掌蹠膿疱症（しょうせきのうほうしょう）に侵され、手袋と帽子を着用してまでテレビ出演をこなした西部邁が、類い希な文章家であり、「書き言葉の人」であったことを忘れるべきではない。

かつて筆者は、『人間論』の文庫版「解説　ニヒリズムに抗する『小人の物語』」で、「その文体が醸し出す艶や香の記憶」について言及した。映像が匂いを創造できないように、言葉が艶や香を醸し出すということは容易なことではないのだ。西部邁が自らの意思でなり損ねた経済学者など、さしずめそうした「徒労」とは無縁の専門人にすぎない。その意味で西部邁は、紛れもない「文人」であった。

冗談半分で言うと、彼の背丈がもう十センチでも高かったら、北海道大学の唐牛健太郎の上京を待たずに、安保全学連の委員長になっていただろう。そして全く別種の、例えば純政治的な「ファシスタ」に変態をとげていたかも知れない。逆に唐牛は、吉本隆明が言うように「ものすごく魅力的」で、「あの時代の象徴的な人物」(「ウイークリー・データ一九八四・9・10―一六」)であったからこそ、六〇年安保の「生け贄」となるしかなかったのだ。

ともかく西部邁は、身長一六〇センチ足らずの「小人」ゆえに、あの独創的な「文体」を創造できたのだ。その特徴は、俗に就きつつ例外的にエレガントであることだ。

西部には独特のダンディズムがあり、それは彼の文体から服装のセンスにまで貫かれていた。趣味のいい背広、ネクタイ、帽子の取り合わせは、弊衣破帽の対極にあり、筆者などもよく顰蹙を買ったものだ。「還暦を過ぎてジーパンとは羨ましい」などと、人懐こい笑顔でたしなめるように(もっとも西部自身も七〇年代には「ジーパン先生」と呼ばれていた)。

他人の手を借りたとはいえ、死体が流されないようにロープで体を括り付け、魚に目を突かれないように、ネックウォーマーで防備したところなど、いかにも西部的にぬかりがなく、今となっては却って痛々しい。巷では自殺幇助罪で逮捕された二人の救援対策を契機に、早くも西部邁の〝取り合い〟が始まっているらしい。筆者には関わりのないことだ。

二〇一八年の暮れには、「西部邁氏を偲ぶ会」実行委員会事務局から、「シンポジウム」と懇親会の案内が送られてきたが参加する意思は全くなかった。そんな企てに時を費やしている暇があったら、西部邁の「試文」の一行でも読み返すがいいというのが正直な思いである。

延び延びになってしまったが、いずれ彼が少年期を過ごした北海道厚別を訪ねてみようと思う。同じ道産子ではあるが、筆者はすでに北海道の季節感を失って久しい。ただ、梅雨のない道南室蘭でその頃、山際や地面から濃い朝靄が発生することだけは覚えている。それが晴れる七月下旬に、北海道の短い夏が始まる。

そういえば、札幌でのシンポジウムで、西部邁の露払いを務めたこともあった。保阪正康氏も一緒で、雪の降り積もった十一月下旬のことだった。宴会、カラオケでくたくたになって親戚の家に辿り着き、後にリーマン・ショックの煽りで自殺した叔父に、筆者はそのとき西部邁のサイン本を送る約束をしたのだった。

# 第Ⅳ部 戦後日本への弔鐘

黒鉄ヒロシ氏が西部をイメージしてつくったオブジェ

1

一九五八年、一浪の後に東大教養学部に入学した西部邁は、程なくして日本共産党に入党する。その年に彼は学生共産党員として、和歌山県の山間部の被差別部落に入っている。折から、教育委員会制度が公選制から任命制に変更になり、教員の勤務評定が強行されたのに対して、教職員組合が授業ボイコットなど激しい勤評闘争を全国的に展開、特に和歌山県は同和教育と連動した運動が頂点に達していた。

西部はそこに同盟休校の小学生に勉強を教えに行ったのだ。帰途に就くに際して、彼は部落の子供たちにアイスキャンディーを振る舞おうとして、自分たちは乞食ではないと拒絶され、担任の女教師に見送られてすごすごと山を下りる（『サンチョ・キホーテの旅』参照）。

学用品も十分に揃ってはいない子供たちを温かく見守る女教師の面影とともに、この一夏の体験は、西部の記憶の襞に深く刻まれることになった。和歌山の僻村の被差別部落の小学生と女教師にとって、東京の超エリート学生西部は、いわば貴種としての異人（ストレンジャー）である。その彼に毅然として人間としての矜持（きょうじ）を示した彼らは、それらをかなぐり捨てて、豊かさに邁進する輪郭を失った戦後日本の「大衆」の対極にあった。そしてこの日本の周縁の局所・被差別部落で結ばれた確かな輪郭をもつ底辺の庶民像が鮮明であるほど、西部邁は節操を失った戦後日本の「大衆」と、何度も出会い損ねることになるのだ。

ところで、日本共産党が新入エリート学生を、和歌山の僻村に派遣したのには、前衛党としての前史があった。一九五〇年代前半、中国共産党寄りで党内主流派の「所感派」は、非合法組織として「山村工作隊」を組織、武装闘争の拠点となるべく若き共産党員を各地に送り込んだのである。革命の根拠地を目指す毛沢東のコミューン建設にあやかったものだ。高橋和巳の小説『日本の悪霊』(黒木和雄監督が一九七〇年に映画化)は、この山村工作のミッションを担った若き闘士たちの混迷を描いている。

西部が大学に戻った同年秋には、共産党を除名された学生らが、ブント(共産主義者同盟)を結成、翌年に西部は東大教養学部自治会委員長、都学連副委員長、全学連中央執行委員を兼任することになる。西部を共産党、ブントにオルグしたのは、かの一九六〇年安保闘争のピーク、六月十五日に警官隊との衝突で圧死した樺美智子(東大文学部史学科)である。筆者はどうしても彼女の遺影の清楚な面影を、和歌山の山間で出会った無名の女教師と重ねてしまう。

西部はブントの中の最年少世代に属していた。最年長は東大医学部を休学中の書記長・島成郎（後の精神科医）で、彼は西部の八歳年上である。島は共産党離脱に際して、旧制府立高校（現首都大学東京）の四期先輩に当たり、吉本隆明との共著『文学者の戦争責任』で知られた武井昭夫に相談を持ちかけていた。ただ、全学連初代委員長・武井は、党からの離脱、新党派立ち上げ計画に色よい返事をしなかった。むしろ止め役に回ったのである。

そこで当時、武井の文学的同志でもあった非共産党員・吉本隆明を頼り、吉本は後に全学連シンパの反日共系の思想家と目されるようになるのだ。吉本と島との家族ぐるみの交友は、島が北海道や沖縄の地域医療に携わった時代を挟んで生涯続いた。吉本の長女・ハルノ宵子（漫画家）は、島成郎が幼い頃の「〝お嫁さんになりたい人〟No.１」だったと語っている（「乱暴で贅沢な時代」）。

ところで、東大ＯＢで共産党を離脱した西部の先輩には、中曽根康弘のブレーンとなった香山健一（政治学者）、政治評論家・森田実、東大教授で戦後最大のマルクス主義哲学者・廣松渉らがいた。島成郎はほぼ彼らと同世代、安保闘争を主導した西部らは、いわば反日共のヤンガー・ジェネレーションだった。さらに共産党体験はあっても、ブント体験のない世代に属するのが、山崎正和、野口武彦、入江隆則といった文学者たちである。

これらの知識人の間で、保守思想家・西部邁の際だった特徴は、日本共産党の前衛党神話を剥がす「非行」としての安保闘争へのコミット、そして戦後日本社会への本質的不適応とそれをバネにした鋭い批判、さらにそこから身を翻しての「高度大衆社会」批判ということになる。

言い換えるなら西部は、前衛政党たる共産党（旧左翼）と戦後日本社会にいち早く弔鐘を鳴らした戦後世代であった。六〇年安保闘争には、その二側面が歴史的に刻印されていたと言えよう。ブントによって、行動的に乗り越えられた前衛党神話と、アメリカ寄りの敗戦国日本の復興成長路線が、この時点で浮き彫りにされたのである。そこに待ったをかけた左翼活動家・西部の立ち位置は、保守に反転してもなお同じ位相にあったと見なすべきだろう。

彼は日米講和とセットになった「日米安全保障条約」の改定が、「条約」そのものの是非ではなく、「戦後思潮がその昂揚と崩壊のうちにみずからの本質を開示するためのの、そして来るべき新たな思潮の本質を予告するための、ひとつの契機にすぎなかった」（「六〇年安保闘争」、『幻像の保守へ』所収）と総括する。

もう一つ、西部にとっての六〇年安保を語る上で避けて通れないエッセイがある。当時の首相・岸信介を論じた「声なき声の人　岸信介論」（『ニヒリズムを超えて』所収）である。当時常にデモ隊の先頭にいた西部は、「南平台デモ」と称して、岸首相の私邸のあったその場所に何度か押しかけ、「岸を倒せ」を連呼していた。時は流れ、右のエッセイで西部はその時代をこう振り返っている。

「岸氏はといえば、戦前の体質をひきずりつつ、やはり戦後体制に改変を加えることを目論んでいたといえる。安保改定、それは戦後の対米従属を一歩抜け出ることを意味した。日本が国際関係において自主性を回復するのに対し、私たちは、それが日本帝国主義を強化することになるという馬鹿げた理屈で反対した。正確にいうと、新安保への過激な反対を装うことによって、『平和と民主主義』という戦後理念を撃とうとしたのである」

実に正確な回想と言うべきだろう。周知のように岸信介は戦時期、東條英機内閣の商工大臣で、戦後戦犯容疑で巣鴨プリズンに収監されるという修羅場を潜り抜けた政治家だった。そして、彼およびその後継者たちは、この戦後日本の自主性の回復のために、あえて「憲法改正」を禁じ手にしてきたのである。言うまでもなく、自民党は結党以来、党是に「改憲」を掲げた保守政党である。

こうして見ると、今日、岸信介の不肖の孫が対米従属路線を一歩も出ることなく、陰に陽に「改憲」を推し進めていることの逆説に改めて思い至る。まさにそれは、六〇年安保から半世紀を隔てた「歴史のアイロニー」そのものではないか。

改憲論者の西部邁が、アベノミクスに象徴される現政権の施策に異を唱えていたのは言うまでもない。政権を投げだし（二〇〇七年）下野していた時代に、安倍晋三の主宰する勉強会に何度か招かれレクチャーを行っていた西部は生前、彼は一体何を聞いていたのだろうと、自嘲気味に語っていた。

岸信介に話を戻すと、彼は六〇年安保当時、「民主か独裁か」のテーゼを掲げたオピニオン・リーダー、竹内好（中国文学者）の著作を熟読するほどの勉強家だった。同じ反安保陣営にあった清水幾太郎（社会学者）に関しては、その後の「変節」（核武装論者となる）を冷ややかに見守っていたらしい。

いずれにせよ、右を見ても左を見てもそれから六十年後の政界、論壇の人材は致命的なまでに乏しい。安倍晋三が読んでいるのは、せいぜい『新潮45』[注1]休刊騒動の立役者・小川榮太郎（『約束の日─安倍晋三試論』の著者）止まりで、西部邁の著作に手を伸ばしたことなど金輪際ないだろう。だからこそ今、祖父に向けた西部の次の言葉を、記録的長期政権を担う言語不感症の「愚宰」に、差し向ける必要がありはしまいか。

「岸氏の恐れ嫌った大衆示威行進は確かに衰微した。その代りに文明そのものが、産業主義と民主主義の旗をかざして、『豊かさと等しさ』をとめどなく追い求めて、大衆運動を展開している。大衆のことを否定的、消極的、懐疑的にとらえる知識も態度もこの島国にはついぞ定着しなかった。だから、大衆のことを『声なき声の民』と見誤ったのは岸氏ばかりのせいではないのだが、いずれにせよ、六〇年の後、大衆が巨大な恐竜となって頭をもたげるという事態を岸氏は予見しえなかったのである」（「六〇年安保闘争」、『幻像の保守へ』所収）

時代はその恐竜の頭も尻尾も、見分け難いほど複雑に高度化している。西部の「高度大衆社会」批判は、経済学だけでは手に負えないその時代への処方箋だったのだ。安倍晋三の言う「戦後レジームからの脱却」も、六〇年安保後の大衆との関係を抜きには無意味である。西部流に言うと、アメリカニズムに浸りきった日本の大衆が、そこからの脱却を図らずして「戦後レジームからの脱却」とは、空語にすぎないと言うべきなのだ。

つまり、八割を超える大衆の中流幻想を生んだ戦後日本への弔鐘が、右のテーゼの背後に鳴り響いているのでなければ、かの「愚宰」は、戦後体制の改変を試み、対米従属を一歩抜け出て自主性を回復することを悲願とした岸信介の政治信条を裏切ることになるのである。先に述べた「歴史のアイロニー」は、ここにも貫徹している。

翻って六〇年安保と、同時期の三井三池炭鉱闘争[注2]は、紛れもなく戦後日本にとっての天下分け目の関ケ原だった。岸内閣を退陣に追い込んだ新安保条約は、「高度経済成長への政治的な地均しとなった」(同前)と西部は語る。

それによって、高度経済成長は「平和と民主主義」が「理想の次元から現実の次元へ降りてくるのを可能にした」のだと。だとするなら、「岸氏と私は心ならずも手を携えて行動し」、「平和と民主主義」の完成に手を貸してしまったことになると彼は、もう一つの「歴史のアイロニー」を、お得意の複眼から曇りなく照射する。

「戦後レジームからの脱却」は、結局、「空白の十年」の突破口とはならなかった。それは政治思想抜きのキャッチ・コピーにすぎなかったからだ。今改めて問い直すべきは、アメリカの庇護下に奇跡的に低コストで手にした、「平和と民主主義」の代償についてだ。最初にその価値に疑義を呈した六〇年代末の学園紛争の時代とは全く異次元に立たされたいま、私たちは根本からそれを再検証しなければならないだろう。

保守思想的なバイアス以前に、西部邁がつとに警鐘を鳴らし、次に弔鐘を打ち鳴らした問題群を、では一体誰が引き受けることができるだろうか。そう自問するとき、いかに彼が賑やかな「社交」とは裏腹に、思想家として孤立無援だったかが分かってくる。「精神的な対米敗北は、戦争で生き残った者たちとその後裔たちがこの六十年間に進んで抱き寄せた、日本国民の精神病」(『無念の戦後史』)だとさえ彼は語る。この本が刊行された二〇〇五年、自裁まで十年以上残していたとはいえ、西部は殆ど刀折れ矢尽きた状態にあった。八〇年代の筆勢は見る影もなく、語気荒くなる分だけ、西部的言説の格調は失われつつあった。

しかし、「日本国民の精神病」という物言いが、なにがしかの真実を言い当てているのも確かだ。西部がそう語る病の主には、戦後的な、あまりに戦後日本的な「大衆」も、それに等値される岸信介の出来損ないの孫も含まれているのである。戦後日本への弔鐘―妻を失い、六〇年安保の記憶につながる大切な友人を失った西部邁は、多くの人々に持て囃されながら、最後まで寂しく弔いの鐘を鳴らし続けた。

注1　『新潮45』二〇一八年八月号に、杉田水脈・自民党衆院議員がＬＧＢＴ運動を批判する論文を寄稿。論議を巻き起こし、批判への反論として文芸評論家の小川榮太郎らの論文を同十月号に掲載、結局休刊に追い込まれた

注2　九州の三井鉱山三池鉱業所の人員整理（四千五百八十人の希望退職を求める）をめぐり一九五九年夏から六〇年秋におきた大労働争議。「総資本対総労働の対決」と呼ばれた

## 2

西部邁は、一九八八年に人事問題のもつれから東大教授を辞任した後、毎年夏に家族での海外旅行を楽しんだ。定例となっていたのは、東大を辞めてから教授（後に学頭）に招かれた秀明大学がイギリス・カンタベリーのケント大学敷地内に設けたチョーサー・カレッジ・カンタベリー（ＣＣＣ）への講演旅行に合わせてのものだった。夏恒例の海外旅行は、妻・満智子の大腸癌が発覚する前年の二〇〇五年まで続いた。

愛妻の看病、自身に忍び寄る病魔により、後に平成の天皇皇后両陛下の慰霊の旅で有名になったパラオ共和国ペリリュ島を訪れたのが最後というのも何かの因縁だろう。西部邁六十六歳の年の思い出の旅である。

南洋に浮かぶ珊瑚礁の島ペリリュは、太平洋戦争で水戸第二連隊を主力とする一万人の日本兵が、米海兵隊第一師団と激戦を繰り広げたことで知られる。西部はすでにアトピー性皮膚炎で、長旅に耐えない体だったが、漢方治療が功を奏したことで、以前から神社関係者にすすめられていたペリリュ行きを決行することになったのだ。

直接のきっかけを作ったのは、田原総一朗司会の「朝まで生テレビ！」で同席した東條英機の孫・東條由布子である。西部によると彼女は、ある右翼団体に担がれてパラオのコロール島に「戦没者慰霊塔」を設立するのに「利用」されたのだという（『流言流行への一撃Ⅱ』）。西部は彼女を励ますべく重い腰を上げたのだ。アメリカ、イギリスでの足かけ三年間の留学を終えて帰国した西部には、日本人のアイデンティティを再確認するために「戦記物」を乱読した時期があった。

「そこでペリリュのことを知りました。つまり、敗戦前年の9月から2カ月半、1万3000名の日本軍将兵が、4万名の米軍を相手に、1000名の捕虜と34名の残存抗米兵を残して、中川州男（くにお）大佐の下、徹底抗戦の挙げ句に玉砕したのです」（同前）

軍歌好きで知られる西部は、「特攻隊」や「玉砕」というと保守的な心性を超えて、ある種の過剰反応を起こす精神の傾きがあった。硫黄島への思い入れも、なまなかではなかった。二〇一〇年十二月八日、真珠湾攻撃による日米開戦の記念日に、彼は遺族団に紛れて自衛隊機でこの火山島の土を踏んでいる。

硫黄島はサイパン陥落（一九四四年七月）により、東京空襲が射程に入ったために、それを遅らせる防衛線（同島はサイパンから東京への直線上にある）として、沖縄戦以前に最初の日本本土での戦いと位置づけられ、日本側の死者二万人（アメリカは七千人）を出す壮絶な交戦を繰り広げた。西部邁はその戦いの記録も、地図を描けるほど詳細に調べ上げた模様だが、それより以前の少年期に硫黄島玉砕をめぐる忘れがたい思い出を記憶に刻んでいた。

札幌の柏中学二年生の時に、彼は文部省、日教組共同推薦の硫黄島玉砕の記録映画を体育館で鑑賞したのだ。この時、日本軍が縦横にトンネルを掘って要塞とし、米軍の短期掃討作戦を引き延ばした同島のシンボル摺鉢山（すりばちやま）に星条旗が立てられた場面で、生徒たちから一斉に拍手喝采が起こったという。西部の中二といえば一九五二年で、ＧＨＱが廃止になった年に当たるが、実は右の騒動は教師によるやらせだったらしい。西部は作文であの場面での拍手はおかしいと率直に感想を述べ、北教組系の教師を感激させたという。駐留軍への投石（たった一人のインティファーダ）に次ぐ、西部少年の反米感情の発露である。

ところで硫黄島玉砕には、二人のスター軍人がかかわっていた。守備隊最高指揮官・栗林忠道陸軍中将と西竹一同中佐である。栗林はアメリカ駐在武官を勤めた経験のあるアメリカ通、一方の西は一九三二年のロス五輪の馬術障害競技で金メダルを獲得、戦前はバロン西の通称で欧米の社交界に出入り、ロサンゼルスの名誉市民でもあった。バロンといえば、六〇年代から七〇年代の劇画ブームの一翼を担った漫画家・バロン吉元を想起する人もあるだろう。どうやら西の通称にあやかったものらしい。

ともかく、二人のエリート軍人は、アメリカ・コネクションによって、硫黄島に召喚され玉砕の先頭に立たされたのである。

クリント・イーストウッド監督による映画『硫黄島からの手紙』（二〇〇六年）は、栗林の『「玉砕総指揮官」の絵手紙』（吉田津由子編）を原作としており、同中将役を渡辺謙、バロン西役を伊原剛志が演じている。この作品について筆者は、西部邁が顧問となっていた雑誌『表現者』（二〇〇七年五月号）に映画評を書いた。「クリント・イーストウッド硫黄島二部作の余白に」（姉妹編が『父親たちの星条旗』）がそれで、この拙文がきっかけで、筆者は同誌編集委員を辞し、この雑誌から完全撤退することになる。

二〇〇七年一月二十七日オンエアのテレビ番組「言いたい放だい」（司会・立川談志）で、西部はこの作品について戦闘のリアリティが描かれておらず、「くだらん映画」だと酷評している。この見解の相違が引き金となったのだ。

筆者の映画評が出た時点で、すでに西部はこの映画を見終わっていたことになるが、ともかく先の拙文が西部邁の逆鱗に触れたことは確かなようだ。メッセンジャー・ボーイとしてやってきた富岡幸一郎（当時、同誌編集委員代表）によると、その理由は高澤が近頃急速にポスト・モダン一派に与するようになり、保守を標榜する『表現者』の執筆者として不適格だというのである。筆者はあまりのばかばかしさに反論の気力もなく、好人物の忠実なるメッセンジャー・ボーイ氏に、編集委員辞任と連載原稿の中止を諾する旨を伝えた。

推測するに西部邁が逆上したのは、先の拙文にこの映画を評した蓮實重彦のコメントが引用されていたからであったのだろう。今さら弁明するのも虚しいが、まず断っておくと、西部邁は映画についての素人である。最晩年まで『映画芸術』誌上に連載していた佐高信との対談映画時評を読むと、そのど素人ぶりは歴然としている。筆者はポスト・モダンもへったくれもなく、蓮實重彦の精確な映画評をコンパクトに引用しただけだ。

同じ素人でも、白黒テレビ時代のドラマ『ローハイド』から、『夕陽のガンマン』、ダーティハリー・シリーズを経て、九十歳に迫るイーストウッドの最新作『運び屋』まで、細大漏らさず追いかけてきた筆者は、西部が「くだらん」と一喝した『硫黄島からの手紙』を、紛れもない傑作と確信しており、訂正の必要を全く認めない。その評価には、当時『映画芸術』誌上でこの作品を、「栗林中将を礼賛する話」という見解を披歴した元文部官僚・寺脇研——彼が旗振り役となった「ゆとり教育」の弊害は、格差社会を助長するなど今日に及ぶも計り知れない——への反論の意味もあった。蓮實重彦の文章（「合衆国海軍の衛生兵をめぐる長年の疑問について」）は、そのための露払いとして引用したまでである。

中学生の西部邁を憤慨させた擂鉢山の星条旗、ことにその瞬間をとらえた名高いジョー・ローゼンタールの写真は、歴史的にやらせの産物（本物は米海軍のえらいさんが私物化して差し替えられた）だったのである。その詳細をイーストウッドの演出の妙と擦り合わせながら、蓮實は映画の素人には到底不可能なディテールに分け入る。すなわちこの映画で焦点化される「ドク」という愛称の米兵が、実はやらせ写真に写った海兵隊の一員ではなく海軍の衛生兵という、よりマイナーな存在であり、また海兵隊員ではありながらインディアンの血を引くもう一人の兵士ともども、アンチ・ヒロイックな彼らの「戦後」をこそイーストウッドは描いていると解説する（これは姉妹編『父親たちの星条旗』についてだが）。

さらに蓮實はそこで、イーストウッドが、「一九四五年二月の硫黄島上陸作戦を、合衆国海兵隊のこうむった敗戦として描き出す」とまで極論している。その際、「捏造された星条旗の写真こそ、その『敗戦』の象徴」に他ならないのだと。つまりは、勝者の悲劇にこそイーストウッド作品の真価があり、偶々捏造された一葉の写真によってヒーローに仕立てられた者たちの戦後は、硫黄島での激戦の勝者にはおよそ似つかわしくない、凡庸さと悲劇性に包まれていることがポイントだったのだ。西部の言う「戦闘のリアリティ」など、およそイーストウッド監督のドラマトゥルギーの埒外にあったわけである。
『硫黄島からの手紙』に目を向けてみよう。三船敏郎以来の国際的映画スター・渡辺謙の熱演に惹かれた、「栗林中将を礼賛する話」という寺脇研のコメントも今さらながら疑問である。そもそもイーストウッドは、アンチ・ヒロイズムの映像作家であり、ましてや彼が、硫黄島で玉砕した日本の陸軍中将を礼賛する映画を二千万ドルもの制作費を投じて撮るはずがない。それを寺脇ほどのシネフィルが、なぜ理解できないのだろう。

さすがに西部邁は、プロジェクトXまがいの破廉恥なヒロイズムでは、玉砕の実態もそこからはるかに隔たった戦後日本の現在も語れないことを熟知していた。ペリリュを訪れた西部は、パラオの現在に触れて次のような書き込みをすることを忘れなかった。

「パラオの中心地となっているコロール島にあふれている外国人は、ほとんどすべて、マリン・スポーツとやらに興じることを目的としている観光客です。私たちのように、10人乗りモーターボート3隻でペリリュに渡り、清流社の建立したペリリュ神社で二礼二拍一礼を行い、神主の発する（英霊の降下を願う）『警蹕（けいひつ）』の叫びに心身を振わせている者は、まったく例外者にすぎません」（『流言流行への一撃Ⅱ』）

西部が目にしたのは、英霊の甦りではなく、茶髪にピアスのいで立ちで、スキューバダイビングやトロールフィッシングに興じる若者たちであった。その豊かな戦後の精神の空洞をこそ、西部邁は撃ち続けたわけだが、ついに彼は英霊たちの御霊の着地できる場所を発見できずにこの地を後にするのである。
「こんな場所では、英霊たちも警蹕に応えて降臨してくるのも難しかろうと思わずにおれません。いや、日本の厚生省は英霊の遺骨を散逸するままに、あるいは（米軍のブルドーザーによってコンクリートの下に）封印されたままにしておこうというのですから、英霊たちにそもそも出番はないのです。『英霊』などという神秘的な言葉をつかうなというのなら、あの日本兵たちの文字通り決死の志操はついに南洋で朽ち果てたといっておきます」（同前）
西部邁の無念は、東京に戻って腹いせにカラオケで軍歌をがなるだけでは到底晴らせるものではなかった。その思いの丈が、彼をして「無念の戦後史」と言わしめたのである。それが最後の海外旅行であった。そこで気になるのは、晩年の川端康成（一九七二年に仕事場でガス自殺）が、外国に旅行すると死と直接向き合わないですむと発言していたことだ。西部邁もまた、国内講演旅行のほか定期的に海外に出ることで、日常生活圏内に深々と侵入してきた「死の影」を、一時的に追い払うように仕向けていたのではなかったか。
かつて自らを、「自意識の牢獄」（『友情──ある半チョッパリとの四十五年』）に囚われていたと語った西部邁は、とりあえずそこからの脱出口を、保守思想に求めて何とか八〇年代を通過した。だが忍び寄る「死の影」は、もう一つの「牢獄」に彼を誘おうとしていたのだった。言葉のない、無明（むみょう）の闇に。

3

西部邁は優れて戦後的な意味で、「政治的人間」だった。それは彼が、一九六〇年当時、反日共の左翼過激派に属していたというキャリアだけから言うのではない。西部が東大教授という学者としての最高ポストを、わずか二年でかなぐり捨てるように辞任したのも、いわば人事問題（中沢新一招致）をめぐる学内政治の決着としてであった。

徹夜討論番組「朝まで生テレビ！」で、戦後最大の政治争点、六〇年安保を回顧する特集に出演した西部は、番組冒頭で司会の田原総一朗に、「西部さんは反安保のデモの最中に亡くなった樺美智子さんの恋人だったという説もある」と紹介され、「何をでたらめを！」と気色ばんでそのままスタジオを後にした。後日彼は、自分を共産党にオルグした樺美智子の死は、純粋に「政治的な死」であり、面白おかしくスキャンダルを捏造してもらっては困ると真顔で反論している。

彼女は西部にとって東大の上級生であり、共産党を除名されブント（共産主義者同盟）に移ってからは、労働者担当の書記局員として活動していた。死亡（圧死）した一九六〇年六月十五日の国会デモでは、東大本郷のデモ隊を率いた長崎浩（東大理学部出身の社会評論家、西部との対談集『ビジネス文明批判―尾根道をたどりながら』がある）の指揮下にあり、長崎は後年、「私が引率していった学生たちの中から、死者が出た」（西部邁との対談「六〇年安保闘争五十年」での発言）ことの責任を痛感していた。

いや、それは違うと西部は反論する。何が起こっても不思議ではない極限状況の中で、彼女は自分や長崎と同じ活動家であり、一般女子学生が過激派に扇動されて国会デモに紛れ込み、不幸にして死を招いたというのとは訳が違うというのだ。

ただし西部は、「遺された家族の、表現できない、いつまでも続く、心理的な苦しみ」に思いを致した政治的人間でもあった。因みに樺美智子の父親は、高名な社会学者の樺俊雄である。彼は娘の死後、彼女の愛読していた宮本百合子（作家で戦後四十年間日本共産党のトップにあった宮本顕治夫人）の文学について、戦前から宮本夫妻と親交のあった作家・中野重治にわざわざ問い質しに行った。共産党を離れて久しい中野は、病床にあって苦々しい表情を浮かべつつも、その文学的価値を高く評価した。

樺美智子の「政治的な死」をめぐっては、次のようなエピソードもある。西部の娘智子が中学生時代に、教師から「このクラスの中に、樺美智子さんという女子生徒を殺した人間の子どもがいる」と言われ、「お父さん、人を殺したの」と娘に問い詰められたというのだ（前出対談より）。こんなとんでもない言いがかりをつけたのは、おそらくは西部を共産党を裏切った、けしからぬ左翼過激派とみなした日教組系の老教師あたりだろう。

しかし西部邁は自らも認めるように、「現場の最高指揮者」で、彼のアジテーションによって、多数の学生が国会議事堂に向かって決死の突入を開始、警察機動隊の猛反撃を食って首相官邸近くの特許庁坂下で一網打尽に検挙されるという厳然たる事実があった。

長崎浩は六〇年五月十八日から翌深夜にかけて、衆議院で新安保条約の強行採決が行われた時の西部の演説を鮮やかに記憶している。彼はあろうことか、「我々は敗北したということを確認しなければならない」（同対談）とデモ隊に呼びかけたのである。こうした意表を突く言葉が、事実上の敗北を決して認めぬ紋切り型の教条的演説より、昂揚したデモ隊の感情に直接訴えかけた効果は計り知れない。樺美智子の焼香デモでは、「警官隊は鉄兜（ヘルメット）を取れ！」とアジり、感涙を誘ったという証言もある。

異能のアジテーター誕生の産婆役となったのは、日比谷野外音楽堂での集会で病欠の演説予定者の代理に、吃音の西部邁を急遽演台に送り込んだ清水丈夫（当時の全学連書記長、後の中核派最高指導者）だった。指名された当人は、「このチャンスを逃したら、俺は一生吃音のままだろう」「ここで大しくじりをしたら、僕はこの世でまともに生きられない失格者だ」（『LEFT ALONE（レフト・アローン）―持続するニューレフトの「68年革命」』所収インタビューより）と思い詰め、清水（きよみず）の舞台から飛び降りる覚悟で登壇した。すると神がかりでも何でもなく、「ベラベラベラベラ、言葉が連発銃のようにして出てきた」（同インタビュー）という。

西部を後押しした清水は、「政治的人間」というより、生来の「政治的動物」だった。西部の清水評は、「理論家でも扇動者でもないが希なる組織者であるこの男」に、「自分を惹きつけてやまぬ」何かがあった（『ファシスタたらんとした者』）というもの。

六〇年安保は、後の全共闘運動のような、良くも悪しくも政治的素人による祝祭的な社会イベントなどではなかった。安保全学連の背後にも、根っからの「政治的動物」が、地に落ちた前衛党の亡骸（なきがら）にハイエナのように群がっていた。その典型が戦前、非合法時代の日本共産党中央委員長で、戦後CIAの協力者と目されたフィクサー・田中清玄である。

六〇年安保当時、全学連は田中から多額のカンパを受け取ったことでスキャンダルになった（一九六三年、ＴＢＳラジオは「ゆがんだ青春／全学連闘士のその後」として報道）。資金提供した田中の意図は、「反米、反ソ、反日共」の路線で、共産党批判と同時にスターリン批判を掲げて日米安保粉砕を叫ぶ全学連が〝使える〟とみなしたからである。金が入ると全学連委員長の唐牛健太郎らは、箱根に骨休みに行き、西部はそれを憫笑をもって黙認した。このスキャンダルの発覚後も全学連を擁護したのが、「反安保闘争の悪扇動について」を書いた吉本隆明である。彼は闘争後、政治被告となった全学連幹部の一人・常木守（故人）のために「6・15事件 思想的弁護論」を発表（公判で朗読される）してもいる。

　後に常木は次のように安保闘争と、法廷闘争を総括している。

「裁かれる五年前のわたしと、裁きの結果をうけとる現在のわたしをこの法廷においてつなぐものがあるとすれば、それは精神の違法性――その存在自体が違法性としてあるようなわたしの精神であり、且つそれだけが本被告事件において公的審判にあたいしうるただひとつのものであったのだろうとわたしは考える」（「斎藤愼爾の平成歳時記（第四十五回・最終回）」、『出版ニュース』二〇一九年三月上旬号）

　ところで、安保闘争終結後に田中清玄の元に草鞋を脱いだのは、唐牛と九州大学の篠原浩一郎らであった。この二人には六〇年安保闘争の被告中、例外的に実刑判決がついた。西部は、安保世代について、「全共闘世代の受けた法罰にくらべると私たちのは信じられぬくらいに軽かった」（『妻と僕―寓話と化す我らの死』）と回顧している。それでも実刑付きの彼らは生涯、身を転々とする悲運のはぐれ者となった。

西部と田中清玄の間にも接点がなかったわけではない。東京拘置所から出てきた西部は、公判を控えて戦線離脱を宣言、ただその後の身の振り方に確信らしきものがあったわけではなかった。その時期に、青木昌彦（後の経済学者）はきっぱりと政治から足を洗って、近代経済学者になろうと西部を誘い、唐牛健太郎は一緒に田中清玄の世話になろうと誘った。ある時、酒場で西部と同席した彼らは、一方がトイレに立つたびに、待ち構えたように西部を口説いた。安保騒動の余韻が覚めた後日、西部はある会合で田中に対面し、通り一遍の挨拶をした後に、新婚ほやほやだと告げると田中はその場で金一封を包み、西部はありがたく頂戴している。

「政治的人間」西部邁のその後の道行きは、とりわけ保守思想家として遇されるようになると、また特別の屈折を加えるようになる。自民党および自民党大物政治家との付き合いが始まるからだ。この時、すれ違いのように彼との接点に浮上しなかったのが、左翼崩れのもう一人のフィクサー・福本邦雄である。画商を表看板にした彼は、竹下登内閣誕生（一九八七年）の黒幕と言われた政商で、第二次岸信介政権の内閣官房長官秘書官を皮切りにキャリアを重ね、戦後最後のフィクサーの名をほしいままにした。共産党経験について言えば、彼よりもその父・福本和夫について特筆すべきだろう。

戦前、フランクフルト大学社会研究所に留学した彼は、『歴史と階級意識』の著者、ジョルジュ・ルカーチの影響下に、福本イズムと呼ばれる理論体系（ブルジョア革命から社会主義革命への二段階革命論）を構築、一九二七年にモスクワのコミンテルン（共産主義インターナショナル）から名指しで批判されるまで、日共の理論的指導者として鳴らした。党を離れた戦後には、在野で日本のルネサンスについての独自の研究を行っている。

西部邁を、優れて戦後的な意味での「政治的人間」と筆者が呼ぶのは、こうした戦前的なコミュニズムの伝統から彼が完全に切れていたからである。保守派宣言と相前後して、彼は大平正芳首相の「ブレーン機構」に属する某研究会で、「庶民の生活感覚」と題して講演、「私」＝「N氏」をモデルにしたユニークな報告で、それは『通産ジャーナル』誌一九八〇年二月号に掲載された（『大衆への反逆』所収）。

最も長く付き合った自民党の政治家は中曽根康弘で、西部は北一輝研究で知られる松本健一とともに、定期的に中曽根との会合を続けた。出会いは中曽根がリクルート疑惑（一九八八年に発覚した贈収賄事件）で窮地に陥っていたときで、西部は自ら中曽根の元に出向き、応援演説なら任せてくださいと援軍を買って出た。その恩義もあってか、中曽根は西部の『発言者』創刊記念パーティー（一九九四年四月）に駆けつけ祝辞を述べている。たまたまその日は、細川護熙内閣が崩壊（東京佐川急便からの一億円借り入れ問題で総辞職）した当日で、帝国ホテルに詰めかけた左右呉越同舟の面々は、興奮気味に政局について語り合っていた。

中曽根だけではなく、基本的に西部は自らの意思で自民党の大物政治家に接近、大概は絶望の果てにごく短期間でコンタクトを中断させている。小沢一郎などもその一人であった。中曽根とともに彼の政治手腕を買って近づいた西部は、そのとらえどころのない人格と、自身を軽視するとしか思えない立ち居振る舞いに憤慨して、まるで独り相撲のように決然とその元を去るのである。西部には、『小沢一郎は背広を着たゴロツキである。—私の政治家見験録』という、名誉毀損ものの著作さえある。

西部に言わせると、例えば小沢は西部がレジュメまで用意して、真正保守が育たないと日本が国家でなくなると、口を極めて説明しても、「ああ」と「うう」と「ええ」しか答えない、煮ても焼いても食えない政治家だということになる。栗本慎一郎も同席した某料理屋での対面では、小沢を持ち上げる周囲の白々しい雰囲気に失望、例によって例のごとく、真っ向から「下らない話をこれ以上続けるのはよしましょうよ」と畳みかけると、その場に居合わせた女将が、「ああっ、全学連が怒った」と半畳を入れ、西部は「ウルセエ、クソッタレ女、俺は帰るぞ」と席を蹴った（同書）。いかにも西部的な「非行」の実践である。

安保世代の政治家・加藤紘一に引き合わせたのは、ブント時代の東大の先輩で政治評論家の森田実である。そのとき、一時間半も遅刻して現れた加藤は酩酊状態だった。加藤に対して西部は、「ゴースト・ライティングも厭わず」といったリップ・サービスをしたらしい。それに対して加藤は見下すように、「我々もそろそろ書き屋を必要としている」と応じたようだ。案の定、またしても西部はキレる。

「ゴースト・ライティングへの欲求」について西部は同書で、「私は四回にとどまってしまったのは残念であったが、政治家や経営者のために、演説草稿のようなものを書いたことがある」と述べている。ここにも、根っからの「政治的人間」西部邁の面目は躍如としていた。だが真正保守を自任する西部の準備した「草稿」なるものが、親米に染まった戦後日本への弔鐘でもあったことを知る者はなかった。

## 4

近代保守思想の流れを、イギリスのエドマンド・バークに始まると見定めていた西部邁は、『思想の英雄たち―保守の源流をたずねて』を、そのバーク論から語り起こす。「平衡」と「漸進主義」を本分とするのが保守の精神であり、そこから最も遠いのが、「フランス革命およびそれをさらに徹底させようとしたロシア革命」（同前）で、西部にとっては、アメリカの建国とてその例外ではなかった。そこに共通に見られるのは、「伝統」の破壊によって過去からの断絶を図る「進歩主義」ということになる。

ところで、バークを語る西部の「保守」主義へのアプローチの固有性は、例えば「バークの思想の全体像に題名を与えるなら、『プレスクリプション』ということになるであろう」といった一節にあった。どういうことか。

「プレスクリプション」の辞書的な説明として、一般に「処方箋（しょほうせん）」と訳されるその元々の意味を、「時効」ということ、つまり「時間の効用」にあると西部は語る。「伝統としての秩序」を、過去の世代から引き継いだ「相続財産」として、「一時的使用」に限定するのが「自由」の本義であるとするのも、この「時間の効用」の反「進歩主義」的な解釈からであろう。

筆者が長年愛用してきた研究社の『新英和大辞典』では、prescriptionの意味として、１「規定、法規」、２「処方箋」、３「時効」に続く4として、「長年の使用（慣行）に基づいて公認された権利」とある。

そこで死せる西部邁にあえて〝突っ込み〟を入れるなら、フランス革命を悪しき急進主義、進歩主義の事例として、保守の伝統によって否認するのは、「時効」の観点から穏当を欠く歴史観、ということになりはしないか。

アメリカ建国の経緯についても、二百年以上の「伝統」に鑑みるなら、いつまでも「歴史的伝統のない移民国家」というレッテルで縛り付けておくのは、例外的にこの国を「時効」なき過激近代主義国家として貶めることにさえなる。何故アメリカを、二百年を超える移民国家の伝統を育んできた、脱西欧的な近代国家として捉え返してはいけないのだろう。

やはりそこには、西部邁のアメリカへの恨み骨髄に徹する意識が投影していなかったとは言えまい。何より彼は、敗戦の年に尋常小学校（札幌郡厚別の信濃小学校）に入学、「その秋学期か、冬学期、至る処を墨で塗り潰された教科書」を配られ、親が顔を顰めてそれを見ていたことを記憶する屈辱の戦後第一世代だったのだ（『無念の戦後史』）。

西部劇では、アパッチ（アメリカ先住民）の首長ジェロニモに好意を抱くほど、幼心に「アメリカかぶれ」に対する反感が頭をもたげてきたというから筋金入りである。「原爆投下も大空襲もアメリカによる国家（という主体による）テロであった」（同前）と語ってはばからぬ西部にとって、それに抗議しない「戦後日本人」は、総体として「敗戦のトラウマ」に呪縛された、ふぬけの民族集団ということになる。戦後を呪詛する「愛国者」西部の真骨頂である。

だがそれにしても、日本の「敗戦」の日の記憶を語る西部邁の文章は掛け値なしに美しい。

「私は、たとえば八月十五日のあの真っ青に晴れ上がった敗戦の日にも、畑の野菜や庭の小枝で羽化した蝉が、その肌の色を白から黄そして黒へと変え、やがていずこかへ飛び去っていく姿の、あまりの美しさにみとれているばかりであった」（同前）

その鮮明な記憶の強度は、死者への配慮を忘れ、一枚岩のように「生命至上主義」と「平和主義」、そして豊かさの追求に没入しきった「戦後日本人」への絶望を掻き立てずにはおかない。さらに西部は、「敗戦のトラウマ」に拘束されているにしては、「戦後日本人の生き方は我が物顔でありすぎ」、戦後日本は「等しさと豊かさ」に関して、「自己満悦に浸りすぎている」（同前）と語るのだ。

その「自己懐疑」なき生き方が、「卑しい」とまで彼は言うのである。それに対する国民的覚醒が訪れ、「真正保守」の思想が起動するまで、骨の髄までアメリカナイズされた日本の「戦後」は、「死にたくても死ねない」というのが、筆者のいう西部邁の「戦後日本への弔鐘」の逆説的な意味だった。彼は他の保守派論客が、おくびにも出さない「アメリカ帝国主義」という、「左翼用語」を使用することさえあった。「アメリカ帝国主義は、その純粋な観念型としては、実は日本において開示されている。それは、戦後日本の、いわゆる『敗戦のトラウマ（精神の癒えぬ外傷）』に発する、戦勝国アメリカへの過剰適応の結果だと言ってよい」（『保守思想のための39章』）

「戦後レジームからの脱却」（安倍晋三）どころではない。西部邁はそのような「アメリカ帝国主義」への屈従の姿勢に、逆説的な日本の「戦後の完成」を見ていたのである。とりわけ晩年の西部邁が立ち会わねばならなかったのは、「一億総保守化」のただなかでの保守思想の死という絶望的な事態だった。故に彼は、その「死亡診断書」を書かざるを得ないところに、自らを追い込んでいったのである。

「日本国民の精神病」とまで言わねばならなかった、対米敗北の半世紀を超える精神的なハンディの蓄積は、その裏返しとして、あまりに自己肯定的な「平和主義」と矛盾なく接合する。だが西部に言わせるなら、「平和」とは何ら積極的な概念ではなく、ただ消極的に「戦争のない状態」（『戦争論—絶対平和主義批判』）にすぎない。しかも、平和のただなかにおいて「平和主義」を声高に唱えるのは、「虚妄」以外の何ものでもないと彼は口を極める。

だからこそ西部は、日本の「外部」に出なければならなかった。その意味は、いかにも西部的に特異であった。すでに触れたが、三十四歳の年（東大教養学部助教授時代）に、外務省の委託事業に参加する形で実現した初の海外旅行は、インド、アフガニスタン、トルコ、イラク、エジプト、アルジェリア、モロッコの七カ国に及んだ。その時の経験を、彼はこう振り返っている。

「この三十四歳のときの旅のおかげで、私は精神の片足を『戦後の外』にしっかりとおくこととなった。私のいう『戦後の外』とは『日本の過去』のことだ。外国のスラムを潜って私は過去へと降り立つことができたのである」（『無念の戦後史』）

つまり三十代半ばの西部は、発展途上国のスラムに、「日本の過去」を再発見したのであった。であればこそ、三十七歳から三十九歳にかけてのアメリカ暮らしを顧みて、彼は「これは自分のいる場所ではない」との思いを強くする。アメリカという、常態的に前のめりの国家は、西部の心を片時も休ませてはくれなかったからだ。その反動でもあるまいが、次に訪れたイギリス・ケンブリッジ周縁の田園地帯で彼は、「日本の遠き過去を想わせてくれる」（同前）風景と、庶民的な人情を発見する。

西部邁は生涯、四十四カ国にのぼる外国に足跡を残している。いずれも首都近辺ということになるが、最も好きな旅のスタイルは、「家族でやる外国旅行」で、それは日本の「戦後の外」での家族的「体験の共有」が、ことのほか「精神の養分になる」からであった。
その養分が枯渇気味になるに比例するように、長年飼い慣らしてきた彼にあっての「死の欲動」（フロイト）は、怪しく頭をもたげてくるのである。そして彼は、「命あっての物種（ものだね）」などという達観からほど遠い心境で、「生き延びる」ために「死に急ぐ」という、「人間の逃れ難い逆説」（同前）を、公私にわたり惜しげもなく披歴するのだ。死を賭した西部の「戦後日本への弔鐘」は、次のような文脈での天皇批判にまで及ぶことになる。

それは、「最高位の神主としての祭祀を司る存在」（『国民の道徳』）であるはずの天皇が、その超越性を自己否定するかのように、日本国憲法を「尊重する」という自己限定を行った（昭和天皇も平成の天皇も）ことへの西部の反発からである。

「あえていえば、そのときから、天皇制は空虚なものになってしまった」（同前）とさえ西部は語る。「なぜといって、それは、歴史の総体を象徴すべき天皇が特定の時代の法律に従属することになるからである」（同前）

「欽定（きんてい）」でも「民定」でもない現行「日本国憲法」を、西部邁は「米定」であると特筆大書する。とりわけ「象徴天皇制」規定は、西部にとってアメリカからの「押し戴（いただ）き憲法」の最たる条項ということになる。もとより西部は、一貫した改憲主義者であった。

世界的に見てもバチカン市国のような特殊な宗教国家を例外として、改憲は世界各国にとってタブーでも何でもなく、優に半世紀を超えて憲法改正の行われない日本は、「異常」ということになるのだ。

その「思考停止」的な護憲意識にも、彼は「アメリカの影」を鋭く感受していた。憲法制定のみならず、敗戦直後にもたらされたアメリカニズムという名の「設計主義」を、西部邁は「アメリカ本国ですら冷やめしを食わされはじめていたニューディーラー」たちの仕業と見なす。

ニューディーラーとは、一九三〇年代にフランクリン・ルーズベルト大統領の下で、世界恐慌からの脱却のための社会経済政策を考案した人々を指す。端的に西部は彼らが本質的に、「ソフト・ソーシャリスト（柔らかい社会主義者）」であったと暴露する。だからこそ彼らは、終戦後の東西冷戦構造の露呈とともに御用済みになる運命にあったのだ。そのGHQ民政局（財閥解体など民主化政策の中心を担う）の「設計主義」を、彼はまたもや「歴史的伝統のない移民国家というアメリカの国柄」の産物であるとする。ある意味でニューディーラーたちは、本国で果たし得なかったその理想の実現を、占領下の日本で果たそうとしたのだと。

だとするなら、それは「社会主義的実験主義」（「米ソ二卵性双生児」論の根拠）ということになり、日本国憲法、とりわけ象徴天皇条項は、憲法問題の素人である彼らによる一夜漬けの発案にすぎないと断罪される。その窮屈な枠組みのなかに、超越者としての「天皇」を、封じ込めておかねばならない理由はないのだと西部は主張したかったのだ。

ところで、『国民の道徳』での憲法論議で見逃せないのは、西部邁がこの「変えにくい憲法」の急所を、「ほかの国の憲法より体系的になっている」と喝破したことだろう。十数回から数十回にまで及ぶ他国の改憲は、状況に応じて変えやすい憲法になっているからで、逆に日本国憲法は、「部分と全体が整合的につながっており」、「部分的修正が難しい」ところに最大の特徴があった。社会工学的な「設計主義」の本領である。

翻って、天皇条項と戦争放棄条項は、疑いなく戦後日本にとって不可分の両輪であり呪縛でもあった。ただ、戦後の日本人には、憲法が内包する不戦の普遍性を十分に鍛え上げ、対外的な認知を獲得する内発性に欠けていた。

この一国平和主義的な護憲思想の〝鎖国性〟を突破した時、日本人は天皇という非「国民」の天皇制からの人間的解放に駒を進めることができるだろう。間違いなくそれが、日本人の天皇制からの自己解放の唯一の回路なのだ。

平成から令和へ、もはや時代は西部邁のあずかり知らぬ局面へと推移している。それは彼の不在のみならず、象徴天皇制の現在への保守思想全般の無力をも残酷に照らし出していた。

## 5

西部邁の著作中、もっとも理論的な書物は『知性の構造』（一九九六年）である。だがここは、その細部に分け入って、思想的な可能性を論議する場所ではない。

例えばそこで彼は、「虚無からの脱出は信仰の力によって達成される」と述べている。逆に思想的な超克のターゲットであった虚無とは、「懐疑が（信仰によって平衡させせられることなく）一元的に過剰になった場合である」とする。ただ、真宗坊主の次男であった西部が、信仰の対象として仏教に帰依していたなどということはなかった。「天皇」問題に関してもそうだが、彼が強調するのは個人的な崇拝、帰依とは異次元にあるこの「制度」の歴史蓄積的な必然だったのだ。同様にして「虚無からの脱出」は「信仰の力」によると言うとき、西部は無神論者を気取る「唯物主義（ただものしゅぎ）」を忌避していたのである。そこで彼は、あるセミナーで開口一番、「宗教についてなぜ語れないかを語りにきた」（「言葉のピュエリリズム」、『ニヒリズムを超えて』所収）という、聴衆を挑発するような言葉を吐いている。事ほど左様に彼は、単純明快な保守思想家などではなかったのである。

その屈折をねじ伏せるように、彼の理論仮説は、常に「現代日本」の「状況」と切り結ぶことを志向する。その時、「仮説」は単なる純理論的な仮説の域を逸脱し、「実践」を促す思想であることを自ら引き受けることになる。

「人は、信仰者でも解脱（げだつ）者でもないという分限（ぶんげん）をわきまえるなら、乱暴に聞こえようとも、いわば仮説的絶対主義の立場をとらざるをえないのではないか」（『知性の構造』）

西部がユニークなのは、そのように「信仰の立場を架設」することが、「信仰に対する最大の侮辱」であることを認めつつ、その侮辱が「相対主義を信じるという最も愚かしい信仰」に向けられていたことである。こうして彼は、「戦後日本の現実」に対して、相対主義を排するために、水平に止まらぬ、「垂直への深みをも示す」仮説を提起することになる。西部にとっての「仮説的絶対主義」が、「信仰」への侮辱どころか、漠然と蔓延する現代の無神論に対する、優れて宗教的なアプローチであることは論を俟（ま）たない。

慣習を忘却し伝統を破壊する「急進主義」に対するアンチテーゼとして、彼が「漸進主義（グラデュアリズム）」の蘇生の重要性と困難を繰り返し述べるのも、「文明の病理とその治癒」（『知性の構造』第九章タイトル）を、状況に即して語るその「精神の政治学」から導かれたものだった。そこで彼は、幾分唐突に「余談」を差し挟む。

「あの大東亜戦争にしても―私はあの戦争の意義を基本的に認めるものではあるが―国民的規模でのパニックによって惹き起こされたものだといって大して過言あるまい」

すなわち西部はここで、かの戦争が正気の沙汰ではなかったことを認めているのだ。だが重要なのは、西部がそれを「個人主義」と「集団主義」の社会学的分析によって捕捉していることである。つまり「パニック」は、ヨーロッパと比較して、「個人主義と集団主義の葛藤が少ないために、両者を媒介するものとしてのルールを発達させようとする努力」がなおざりにされた結果でもあったと。

では、戦後の日本社会は首尾よく「正気」を取り戻したと言えるのであろうか。西部の答えは否である。それが一九八〇年代から本格的に展開される、「高度大衆社会」批判、「テクノマニアックな群衆」となり果てた戦後日本人への根底的な批判の核心である。

「この世紀末日本はあきらかに超高度大衆社会の相貌を剥き出しにしているようにみえる」（同前）

紛れもなくそれは、「病理」と名づけられるべき集団パニックだったのだ。それを鋭くえぐり出すことにおいて、西部邁の社会学は、民主、大衆、平和などの語源に遡る解釈学をベースとした臨床的な知の総合化の試みだったと言えよう。西部の「解釈学」は精確に、「言葉という物語」への信頼に基づいていた。「自分がこの種の物語の語り部となりつつ、ほんのわずかの脚色をほどこしながら、その物語を誰ともわからぬ他者に引き渡す作業」である。

一方で彼はそれを、「国家なき時代の到来」という物語批判として警鐘を鳴らし続けた。ところで、西部の保守論壇への登場を注視していた、後世代の女性社会学者がいた。西部邁らによる中沢新一の東大駒場（教養学部）への招聘失敗の後に、本郷キャンパスで教鞭を取ることになった上野千鶴子である。西部はポスト・モダン派の彼女の人事も、駒場ならば潰されていただろうと述懐していた。西部や佐藤誠三郎ら保守派による大学改革にブレーキをかけた六〇年代末の造反教官や日共系の教員が、なお学内に睨みをきかせていたからである。

上野は江藤淳の『成熟と喪失―〝母〟の崩壊―』の文庫版解説で、次のように述べる。因みに本書は、江藤による安岡章太郎、吉行淳之介、小島信夫ら「第三の新人」の六〇年代の長編に焦点を当て、戦後日本における「母の崩壊」とそれと裏腹な関係にある「父の欠落」を主題化したもの。なかでもそのハイライトは、小島信夫の『抱擁家族』の分析で、進駐軍の若い兵士と関係をもった妻の不貞に茫然自失し、未熟な兵士に毅然とした態度をとることもできない夫の無力を、右の主題に添って社会工学的に炙り出している。

上野は『抱擁家族』で、カリフォルニア式冷房装置つきの一戸建てを新築したこの大学教師の「成り上がり」を、「滅びゆく『治者』の立場から『愚民化』と嘆けば、ホイジンガ気取りの西部邁の『保守主義』が成立する」と論ずる。

嫌味たっぷりに語られた「ホイジンガ気取り」とは、西部本人の言葉によると、「ルールの定かならぬ遊び」を、しかも「元来は非日常のものであるはずの遊びを日常生活のなかに混入させること」を、「ピュエリリズム（puerilism、小児病―文化的意味での）」（『知性の構造』）と名づけたホイジンガの主著『ホモ・ルーデンス』を踏まえてのことだろう。

「北米体験は、戦後民主主義と改革の理念に燃えたことのあるこの若い社会主義者をも、『転向』させた。出発前に『ソシオ・エコノミックス』（中央公論社、一九七五年）というブリリアントな本を著したこの近代経済学の俊秀は、一九七六年から七八年にかけての二年間の西欧体験で『蜃気楼の中へ』（日本評論社、一九七九年）という抒情的な滞在記を書いたのちに、頑迷でシニカルな保守主義者として論壇に登場する」（上野千鶴子『成熟と喪失』から三十年」）。

そして上野は、「西部の保守主義が、アイロニーに満ちているのは、彼が『誰からも頼まれた覚えのない』『父』の役割を、勝手に演じているという諧謔を自覚しているからである」と述べる。この辛口の西部評に比較して、次の江藤評価は大甘に甘い。

「江藤は、七〇年代以降にあらわになった日本の女の変貌とフェミニズムの存在理由を、その芽のうちから的確に読み取っている」（同）

それは、「近代化」と「産業化」の価値を疑わない戦後日本、とりわけ産業化のただ中にあった六〇年代の半ばに露呈した「構造的背理」（＝父性の喪失）を、いち早く指摘した江藤の見識に対してである（無論、江藤がフェミニズムを公然と唱えたわけではない）。

少し文脈をずらすことになるが、筆者の知る限り西部邁は江藤淳などとは比較にならないほどの生粋のフェミニストであった。そもそも彼は、誰に頼まれたわけでもないのに「父親」になった（江藤淳には子供はない）。そのうえ彼は、尻に敷かれるといったレベルではなく、疑いなく妻に傅（かしず）いていた。大袈裟を承知で言うと、これは光源氏いらいの日本的フェミニズムの文化伝統なのだ。

少女誘拐、監禁、強姦などありとあらゆるセクハラ行為に及んだ光源氏は、だが決して一度手を付けた女性を捨てはしなかった。それどころか、尾羽打ち枯らした醜女（末摘花（すえつむはな））にまで邸宅を提供し、なに不自由のない生活をさせている。基本的に源氏の女性たちとのコミュニケーションは、「敬語」でなされる。これが王朝文化を支えた「傅き」の文化伝統である。この時代の高級貴族は、妻の実家で養われていたのだから、それも当然である。

西部邁は自ら一戸建て住宅を二度も購入、一時は妻・満智子の母親を東京に呼び寄せて同居している。同様に彼は、札幌時代に大けがをさせた妹・容子にも傅いたであろう。妻を失った後、酒宴のお供で朝帰りをさせた娘・智子が二日酔いで起きられない時は、コンビニに足を運んでカップ麺で間に合わせた西部である。そんな西部に『妻と僕』のような著作や家族論はあっても、本格的な女性論がないのは惜しまれる。

かつて西部は、後の文化勲章受章者・宇沢弘文に「奥さんのヒモとして暮らしている」と、事実無根のスキャンダルを流され、大いに憤慨している。安保騒動が収まった頃、札幌の妻の実家に結婚への同意を得に行ったときは、「大学院生なんか掃いて捨てるほどいる」と母親に窘(たしな)められ返す言葉もなかったという。「虫のように生きてなんかほしくない」、「私、貧乏は嫌いなの」と語った満智子は、お金のある豊かな暮らしに憧れていたわけではない。それが、「生きる目標を持っていない者にありがちの、また何年かにわたってかなり荒(すさ)んだ生活を送った者に特有の精神の貧相さが僕の挙措に滲み出ていること、それに対する批判」(『妻と僕―寓話と化す我らの死』)であることを、西部は直ちに了解したのだ。

　こうして彼は、家庭内にあって、「傅く」という「精神の政治学」を、何のけれん味もなく実践するのである。急ぎ補足しなければならないのは、西部邁が「実際のところ家庭は、ある意味で、非日常的な空間なのだ」（『保守思想のための39章』）と言い当てていたことである。どのような意味においてか。

　まず「性交渉」が日常的に行われている「異様」さにおいて。また、その「異形の振る舞い」に、「文化の形容が冠されているのが」、非日常的ということになる。さらにそこには、「出産」や「育児」といった難行が、夫婦の生きがいを形作ることにおいても。この複眼的思考の真っすぐ延長線で、「祖国の愉悦」という西部的に屈折した「愛国心」が語られることになるのだ。

　彼は、「愛国心はならずものの最後の逃げ場である」という、イギリスの文人サミュエル・ジョンソンのアメリカ独立運動へ向けた言葉を理解していた。それを踏まえ、「他郷への思慮を欠いた愛郷心は保守思想のものではない」（同前）と断言するのだ。そしてさらに、「保守思想の想定する国民は、あくまで観念上のものであって、（ある国土に住まう）実在の民衆のことではないのである」とさえ語る。その「非在」感には、新世界・北海道の、「根こそぎにされた人々の飢え」（ドストエフスキー）が折り重なっていた。

この非実体論的な保守思想こそ、感情過多の保守および右翼の想像だに及ばない西部思想の急所なのだ。だが晩年の西部は、そうした勢力に担がれつつあった。嫌な顔一つ見せずにその御輿（みこし）に乗ったこの希代の保守思想家に対して、筆者は言うべき言葉を持たない。ただ、西部邁を出汁（だし）に追悼やお別れと称して群れ集う人々に、語の厳密な意味での思想的な生産性はない。これは厳然たる事実だ。西部邁の保守思想を理解するとは、その非実体論的「国家」像、「国民」像をフィクショナルな想像力によって検証することにつきるのだ。静かなる知性の黙々たる営為によって。

## 6

いよいよ、西部邁の「遺書」について書かざるを得ない仕儀となった。最後にこの一文に触れるのは、紛れもなくそれが文人・西部邁の「最後の思想」であるからだ。日記であろうと遺書であろうと、西部ほどの類いまれな表現者にとって、それは「作品」なのである。

娘・西部智子への遺書の表書きには、「手指腕痛印字御免被度」とあり、ひときわ目を引く。本文は以下の通りだ。

僕は、穏やかな自然死などは望むべくもないので、また病院死における無益な孤独と無効の治療を忌むものですから、君にこれ以上の迷惑をかけたくないので、ここに自分の「生き方としての死に方」たる自裁死を選ぶことにしました。そうした考え方については僕の書物群に何度も説明している通りなので、君は、たとえ同意されなくても、僕の気持ちは分かってくれると信じております。出来うれば、僕のことは早めに失念して、楽々悠々たる人生を送って下さい。お母さんへの世話のことを含め、君の両親への助力に深く感謝しております。一明君（注、長男）、光世さん（注、その妻）と仲良くやって下さい。

なお、僕のことにかんし葬儀や墓標などは一切不要ですのでご承知おき下さい。ただし、僕の知人や友人から「飲食の催し」などの誘いがあれば受けてやって下さい。

最後にもう一度、有難う、左様なら

平成30年1月21日　　西部邁

本文はワープロ打ち、日付と署名は自筆である。西部はパソコンというものに、一切手をつけなかったので、秘密を共有した第三者の手を借りたのだろう。自裁当日、多摩川縁（べり）の通称「岸辺の散策路」付近で、クリアファイルに収められた「遺書」を発見したのは、姉からの緊急連絡で駆けつけた長男・一明である。ちょうど堤の上がバス通りになっていて、自裁現場は田園調布五丁目から堤を下り、巨人軍多摩川グラウンドをはじめ、軟式硬式の野球場が何面もある岸辺をさらに川に向かって直進したところにある。

浅瀬の一角に渦を巻いた淵が一カ所あり、西部邁はここに飛び込んだのかと容易に推測できた。ロープを括り付けるのに格好な樹木も、労せずして見当がついた。時は新緑が目に眩しい四月下旬、「死ねば死にきり、自然は水際立っている」（高村光太郎『夏書十題』）の一節が脳裡をかすめた。ところで、西部邁の遺書は他に四通あった。そのうち一通は一明宛て、もう一通は「警察および関係役所の各位」に宛てられたものもある。後者の全文も引いておく。

私、職業上は評論家というものを生業とする七十八歳になるものですが、寄る年波みに加えて上半身神経痛の老病が治らず、また、やれる事はやり尽くし思い残すことは何もないという心境にあり、また、自分の生き方として、病院死は避けたいと考えて来たものですから、かかるかたちの死を選びとるのを止む無きに至りました。それ以外には、何の動機も原因もございません。とはいえ、かかる場所でかかる振る舞いを為すのは、公共の迷惑にあたるとは良く承知しております。それについては、関係各位に心からお詫びするほかございません。何卒、ご寛恕のほどを伏してお願い申し上げます。

私の二人の子供たちの連絡先は別の封筒の表書きにある通りでございます。連絡を取って頂きたくお願い申し上げます。

連絡を取るまでもなく、かねておおよその場所を予告されていた智子は、同日未明に無言着信電話があった時点で、現場に急行している。そして、西部の杞憂はこの一件が「事件」扱いになったことで現実のものとなった。筆者のところにまで、田園調布警察署刑事課の女性刑事から連絡があった。二名の自殺幇助者の追及ではなく、西部が口に含ませていた青酸化合物の入手経路の捜索が目的だったらしい。

西部智子さんと、西武池袋線石神井公園前で待ち合わせて、浄土真宗本願寺派の「寶華山敬覚寺（ほうげざんきょうがくじ）」に墓参したのは、お彼岸明けの今年三月二十五日だった。御両親の墓は

1997年11月、メディアの寵児に駆け上がった西部は、妻満智子、長女智子とともに、広島・厳島でつかの間の休日を楽しんだ。（西部家提供）

同敷地内にあるが、西部夫妻の墓はそことは別のところにひっそりと建っている。「墓標など一切不要」というわけにもいかず、遺族が速やかに手を打ったのである。

生前、西部邁は「龍谷山本願寺」（西本願寺）を本山とするこの寺に両親が眠ることに不満を漏らしていたという。元々、北陸富山をルーツとする西部家の菩提寺は東本願寺系だったからだ。ご住職はよくそのことも承知していた。驚きを禁じ得なかったのは、この方が初期『発言者』時代からの定期購読者で、筆者の名前まで記憶にとどめておられたことだった。その日は、精進落としで新宿で痛飲した。智子女史は終電近くなって筆者が帰り支度を始めると、久しぶりなのでもう少しいますと、席を立とうとしなかった。何十回、いや何百回と父に付き合わされた思い出の酒場から、これから後、彼女はタクシーを傭って一人で帰らなければならない。

湿りがちの話で、本稿を閉じる気持ちはない。残りの紙数は、筆者にとって忘れ難いエッセイに費やすことにしたい。それは西部夫妻の母校、北海道札幌南高校の『百年史』に寄稿したもので、タイトルは「外れ者であった私」となっている。筆者の大学時代の友人が編集に当たり、ぜひ西部邁の原稿を頂きたいと言うので、一肌を脱ぐことにしたのだった。原稿執筆に最も多忙な一九九〇年代半ばという時期だったので、脱稿まではかなり時間がかかった。この原稿だけは落とすわけにはいきませんよと、西部を叱咤（しった）したのは妻・満智子である。だから本エッセイには、西部邁の侠気（おとこぎ）というものが遺憾なく発揮されていて、愛おしさが募る。「落ちこぼれの高校生」を自認する西部は、そこでこう語る。

「勉学においては一年生のときの蓄えがあったので何とか誤魔化すことができたが、態度素行において調子が外れっぱなしだったのである。三年生の段階では、酒や煙草も時折に味わうようになっており、自分としては非行少年の端くれのつもりでいた。何ともはや、当て処の定かならぬままに、自分勝手に沈没したり浮遊したりの毎日を過ごしていたのである」

この「沈没」と「浮遊」の反復こそ、生涯を貫く西部邁の「非行」の本質にあるものだった。それを近傍で受け止められるのは、妻を除けば純情可憐なイエスマンだけというこ とになる。だが、その人の「思想」に向き合うとは、信仰とも跪拝ともおよそ別のことなのだ。その意味で西部には、彼の「沈没」と「浮遊」の軌跡を遠望できる「他者」が、致命的に欠けていた。

「道徳」に無関心というのではなく、「道徳的であろうと努めると、それはほぼ必ず多数者の振る舞いからはずれてしまう」という、自身を捕らえて放さない「業」を彼はよく知悉していた。「変な外れ者」、それが「原型としての自分」なのだと。もとよりそこまで自分の資質を知り抜いた人間に、東大教授の職など全うできるはずがなかったのである。

「青春前期に私を襲った『不安な情熱』とよぶべきあの感情が、私の現在の言論活動を支えている。それにもとづいてしか言葉を紡ぐことができないという意味で、私の言霊は依然として札幌南高校のあたりを彷徨っている」

そんな西部の死後、筆者に最も衝撃的だったのは、検屍の結果、彼の脳に部分的に萎縮の痕が見られたという西部智子からの情報である。いまだに信じられないことだが、彼の「晩年の思想」に即して、一つだけ言えることがある。それは、彼がすでに「抽象的思考」に耐えられないほど衰弱していたのではないかということだ。勢い繰り返しが多くなり、独自の保守思想の「新局面」を、自力で切り開いていく膂力(りょりょく)を失っていたことを認めざるを得ない。皮肉なことに、それによって西部の著作は限りなく紋切り型に近づき、その分リーダブルになっていった。

例えば彼は、山本夏彦のような洒脱なエッセイストでもコラムニストでもなかったから、理論を離れた文章を切り売りし、優雅な老後を送る条件からも見放されていた。山本をめぐるエピソードで思い出すことがある。例によって例のごとく、手練手管で山本に接近を図った西部は、甘えかかるように、いい時計をお持ちですね。しばらく僕に貸して貰えませんかと語り、まんまと一品を手に入れた。だが敵もさる者、程なくして「貸すには貸したがやったつもりはない」と連絡が入ったというのだ。

些細なエピソードとはいえ、ここには西部的コミュニケーションの失敗が痛々しく刻印されていた。案の定彼は、こんな時計などすぐに突っ返してやると凄んだ。そう切り返されて困惑したのは、山本夏彦の方だろう。これもまた、西部的「非行」の一端ではあるのだが、山本にしてみれば、「沈没」と「浮遊」を繰り返す、不治の病にも似た西部の資質など知るよしもなかった。

六〇年安保闘争で二度逮捕され、実刑を免れたとはいえ、十年近い歳月を裁判所通いに費やした彼は、その間、夏目漱石の作品を手放さなかったという。外国の作家で最も打ちこんだのは、チェーホフだった。一浪後の東大受験では、『罪と罰』を徹夜で読んで、一睡もせずに試験会場に向かった。余裕綽々（しゃくしゃく）の受験生と言いたいところだが、それはその後の彼の人生の「沈没」と「浮遊」の不吉な前ぶれだったかもしれない。

五体健全なら彼は、もっとヒロイックな死を選んだのではないか。しかし、今となっては筆者も「あれしか、仕方がなかったのでしょう」と地下の西部に声をかけるしかない。自殺幇助者を巻き込んだそのアンチ・ヒロイックに無様な死を、西部流の「非行」の結末として受け入れるしかないからである。それは、彼の「(自裁) 死の思想」を丸ごと受け入れることとは別だ。

無念さが残るのは、彼が紛れもない六〇安保闘争からの帰還者だったからだ。当時、北海道から呼び寄せられた全学連委員長・唐牛健太郎を、先に筆者はこの時代の象徴的「生け贄」と呼んだ。彼ばかりではない。同世代の全学連闘士の中には、新左翼過激派の最高指導者になった者もいれば、反社会的勢力から杯（さかずき）を受けた者、留学先のアパートで焼死した者までいる。結局、彼らはかの安保闘争からの未帰還者と言う他ない。国会突入デモで圧死した樺美智子は、その最たるものだろう。

西部邁は類い希な知性だけではなく、配偶者にも知友にも恵まれ、辛うじてこの浮き世への帰還者となることが出来た。だからこそ、死者となった西部邁に頭を垂れつつ、ボロボロになるまで生を全うして欲しかったと無念をぶつけたい気持ちを拭えない。

筆者にとって、西部の対極にある死は、九十七歳の天寿を全うした俳人・永田耕衣（一九〇〇〜一九九七）である。三菱製紙に定年まで勤め、退職後にも凄みのある創作を持続、晩年には阪神大震災で罹災、「踏切のスベリヒユまで歩かれへん[注]」の一句を残した耕衣。その評伝『部長の大晩年』の著者・城山三郎は、老いた彼が、「死の恐怖を免れる一つの方便」として、「老衰死」を考えるようになったと述べている。「それはたとえば蠅のように軽く生き、軽く死ぬことである」と。

それは西部には求むべくもない、老いの境地であった。対する西部邁の死は、どこまでも「重い」のだ。城山はまた、「エネルギーは成長するのに必要なだけでなく、衰えるにも、やはり必要ではないか」と述べている。それを彼は、「衰弱のエネルギー」と呼ぶ。西部邁はそれを、自裁に差し向けて一挙に蕩尽し、いかにも彼らしい「孤独死」を自己演出した。「衰弱のエネルギー」を、六十代後半に入って持て余し気味の筆者は、改めてその躊躇なき処決に頭を垂れるのみだ。

注　スベリヒユは黄色い花を咲かせる多年生植物

# あとがき

一九九六年の『思想の英雄たち―保守の源流をたずねて』までの西部邁の著作を、私はむさぼるように読んだ。その翌年の『日本人と武士道』あたりから、公私ともに徐々に疎遠になっていった。一度、新宿の酒場で大げんかをしたことがある。きっかけは西部邁が、「高澤君、坂口安吾の『堕落論』は誤解されているね。彼は結末で、人間は永遠に堕ちぬくことはできず、いずれ天皇を担ぎださずにはいられなくなると書いているんだ」と諭すように語ったことだった。

だが、ここで折れたら私は文学の世界での存在理由を失うことになる。私は猛然と反発した。「違います。それが安吾の結論ではないのです」と。安吾はまたぞろ日本人が天皇を担ぎ出す前にやらなければならないのは、堕ちる道を堕ちきることによって、自分自身を発見し、救わなければならないと付け足しているのだ。「政治による救いなどは上皮だけの愚にもつかない物である」と。これが『堕落論』における安吾の結語である。しかし今、改めて西部に詫びなければならない。そのとき私は、彼の「沈没」と「浮遊」の道行きも、「非行」の結末についても、一顧だにする余裕がなかったからだ。

そういえば、こんなこともあった。新宿の酒場「bura」の大テーブルに西部軍団が勢ぞろいした中に気まぐれ星のように私がいて、議論はいつしか「有（意味）」と「無（意味）」という方向に流れていった。そのとき私は、やや挑発的に人間には古来、「無意味」へのやみがたい衝動があって、それは保守派といえども否定すべからざる事実だと言ったのだった。

今なら、もう少し理論的に、それがフロイトの発見した「死の欲動」という、人間の無意識領域にある最も強力な本能（エロスにも増して）の言語レベルでの現れ（有機から無機への回帰衝動）、として説明できただろう。

ただその時は、短兵急に『マザー・グース』（ナンセンス満載のイギリスの伝承童謡集）がその典型ではないですかと舌足らずに言っただけだった。文学にも一家言のある満智子夫人が間髪を入れず、一見無意味に見える『マザー・グース』には、すべて元歌があると切り返してきた。すると西部邁は、まるで〃婦唱夫随〃を地でいくように、「ほら見ろ！」と奥方に加担した。

私は無論気づいていた。もし元歌なるものが、「意味」に満たされていたなら、なぜ人間はそこから「無意味（ナンセンス）」の方に逆走しなければならないのかと。時代を遡るほどに、ナンセンス・ソングは、例えば子供の遊び歌などの定番である。童謡（わらべうた）「かごめかごめ」の歌詞にある「夜明けの晩」でも、「うしろの正面」でも意味は不明なのだ。あれは一種の呪（まじな）いで、無意味であるからこそ子供たちは、日常世界の外に出られる。詩歌における調べや韻も、意味を離れたところにあるもう一つの言葉の命だ。だが、今さらそんなことはどうでもいい。私はあのとき、二人の阿吽（あうん）の呼吸に打ちのめされていたのだ。西部邁はそこでも、満智子夫人に忠実に傅（かしず）いていた。

「遺書」については、承服できない一節がある。「我が娘智子よ」で始まる最後の呼びかけ、「僕のことは早めに失念して、楽々悠々たる人生を送って下さい」の一節のことだ。娘の介護を拒否し、尋常ではない仕方で先立たれた父親に見捨てられたも同然の「我が娘」が、どうして「楽々悠々たる人生」を送れるだろう。

この間、何度か西部智子さんにお会いし、本文執筆にさまざまなご助力をいただいた。彼女が八歳で家族とアメリカに渡った同じ年頃、私は小学二年生で、「アンポごっこ」に興じていた。これは全国的なごっこ遊びだったようで、子供たちはアンポの何たるかも知らずに、口々に「アンポ、ハンタイ」を叫んでいた。最後にその頃、西部邁の出入りしていた、本郷金助町全学連書記局の青春に盃を献じよう。

本書は『サンデー毎日』に断続連載したものに、若干の加筆訂正を施してできた。連載のきっかけは、旧知の毎日新聞学芸部・棚部秀行氏から与えられた。そして氏の周旋で同誌編集長の隈元浩彦氏の知遇を得、破格の長期連載の機会に恵まれた。単行本化に当たっては、同誌編集部で書籍統括の向井徹氏にお世話になった。日々の激務に加えて、お手数を煩わせたことを記して感謝したい。そして、連載時からレイアウトを担当され、今回も快く装丁を引き受けて下さった鈴木成一氏にも。

二〇一九年十二月四日　髙澤秀次

本書は、『サンデー毎日』二〇一八年十一月十八日号から
二〇一九年八月四日号まで連載された
「虚無主義（ニヒリズム）を超えて 評伝 西部邁」に加筆したものです。

高澤秀次（たかざわ・しゅうじ）
一九五二年北海道生まれ。文芸評論家。
西部邁ゆかりの言論誌『発言者』『表現者』の編集委員を務めた。
主著に『評伝 中上健次』『江藤淳 神話からの覚醒』
『文学者たちの大逆事件と韓国併合』『戦後思想の「巨人」たち』ほか。

# 評伝西部邁（ひょうでんにしべすすむ）

二〇二〇年一月一五日　印刷
二〇二〇年一月二五日　発行

著者　髙澤秀次（たかざわしゅうじ）
発行人　黒川昭良
発行所　毎日新聞出版
〒一〇二-〇〇七四 東京都千代田区九段南一-六-一七 千代田会館五階
電話 営業本部〇三-六二六五-六九四一
図書第二編集部〇三-六二六五-六七四六
印刷　精文堂
製本　大口製本

ISBN978-4-620-32616-0